Côte d'Azur

von Manuela Blisse und Uwe Lehmann

Auf der hinteren Umschlaginnenseite finden Sie eine ausfaltbare Landkarte.

Inhalt

◁ *Einfach den Tag genießen – dafür bietet St-Tropez die besten Voraussetzungen*

1   Willkommen an der Côte d'Azur

Eigentlich ist die Côte d'Azur ein künstliches Konstrukt, eine Erfindung. Erfunden hat sie der französische Schriftsteller Stephen Liégeard, der Ende 1887 ein Buch über den Küstenstreifen, den er *Côte d'Azur* nannte, veröffentlichte. Bei Liégeard reichte die Côte d'Azur von Hyères im Westen bis Menton im Osten. Menton als östliches Ende der Côte d'Azur ist bis heute unumstritten. Verschiedene Meinungen gibt es hingegen darüber, wie weit nach Westen die »Blaue Küste« reicht. Für Traditionalisten ist mit der Côte d'Azur bereits westlich von Cannes Schluss. Für andere reicht sie zumindest bis St-Tropez, in diesem Buch bis Toulon, und Klaus und Erika Mann definierten sie 1931 gar bis Marseille.

Nicht nur auf Schriftsteller wie Klaus und Erika Mann oder Lion Feuchtwanger übte die sonnige Küste einen starken Reiz aus, auch viele bildende Künstler wurden von ihr inspiriert: Matisse, Renoir, Picasso, Chagall, Niki de Saint-Phalle.

Die ersten, die zur Erholung an eine der schönsten Küsten der Welt reisten, waren jedoch britische Adlige, die bereits zu Beginn des 19. Jahrhunderts dem nasskalten Klima Englands entflohen und den Winter im milden Klima der südfranzösischen Küste verbrachten. Dem Adel folgten schon bald Schauspieler, Rennfahrer oder Stahl-Barone. Vor allem Hollywood entdeckte den wunderbaren Landstrich für sich. Doch die Illusion von perfekter Harmonie, einmaliger Landschaft, klarstem Licht und reinsten Farben zieht seit Jahrzehnten auch die »normalen« Urlauber in ihren Bann.

Heute ist die Côte d'Azur in weiten Teilen ein dicht besiedelter Ballungsraum, wo auf engstem Raum Tourismus und neue Industrien einträchtig nebeneinander angesiedelt sind. Doch die Klientel in Frankreichs meistbesuchter Ferienregion hat sich geändert: Bei Promis und VIPs steht das Hinterland hoch im Kurs, an die Küste reisen neben Franzosen, Deutschen und reichen Ölscheichs auch immer mehr Urlauber aus osteuropäischen Staaten. Dennoch findet man vor allem in der Nebensaison neben allem Rummel auch immer wieder traumhaft schöne, ruhige Plätze.

Für betuchte Gäste: der Strand des Nobelhotels Carlton in Cannes

2 Chronik
Daten zur Geschichte

Ur- und Frühgeschichte

Die französische Mittelmeerküste und ihr Hinterland zählen zu den ältesten Siedlungsgebieten der Menschheit. Östlich von Menton wurden beispielsweise Skelette des so genannten Crô-Magnon-Menschen gefunden, eines direkten Vorfahren des *Homo sapiens*.

Ca. 4500 v. Chr.	In der Provence bilden sich die ersten bäuerlichen Ansiedlungen. Erste Spuren von frühem Getreideanbau konnten im Rhône-Tal nachgewiesen werden.
Ab 620 v. Chr.	Die Griechen kolonialisieren die südfranzösische Küste und gründen Marseille, Nizza, Antibes, Arles und Monaco.
121 v. Chr.	Teile Südfrankreichs werden zur römischen Provinz – daher auch der Name Provence. Die Römer gründen Aix-en-Provence.
49 v. Chr.	Marseille wird von Caesar zerstört, da es sich im römischen Bürgerkrieg auf die Seite seines Widersachers Pompeius geschlagen hatte.
1.–4. Jh. n. Chr.	In den ersten zwei bis vier Jahrhunderten n. Chr. entwickelt sich die Provence zur blühenden römischen Kolonie. Die Theater von Arles und Orange sowie der Pont du Gard werden gebaut. Langsam hält das Christentum in Südfrankreich Einzug, gleichzeitig beginnen im 4. Jh. die Westgoten nach Süden vorzustoßen.

Der Hafen von St-Raphaël mit Blick auf Fréjus

Blick von der Corniche auf das Bergdorf Èze

471	Die Westgoten erobern Arles und werden später von den Burgundern verdrängt, die wiederum von den Ostgoten abgelöst werden.
537	Die Franken vertreiben die Ostgoten und schaffen sich so einen Zugang zum Mittelmeer.
843	Durch den Vertrag von Verdun kommt die Provence in den Besitz von Lothar, einem Enkel Karls des Großen.
879	Boso von Vienne gründet das Königreich Provence, das jedoch schon bald an Burgund fällt.
972	Der Stützpunkt der Sarazenen im Hinterland von St-Tropez wird zerstört. Die Überfälle und Plünderungen der Küstenregion haben damit ein Ende. Im selben Jahr gründet Wilhelm, Graf von Arles, das provenzalische Grafenhaus.
Um 1140	Die »drei provenzalischen Schwestern«, die Zisterzienserklöster von Sénanque, Le Thoronet und Silvacane, werden gegründet.
1125	Die Provence fällt an die Grafen von Toulouse.
1178	Durch Heirat gelangt die Provence in den Besitz der Grafen von Barcelona.
1305	Der Erzbischof von Bordeaux, Bertrand de Got, besteigt als Clemens VI. den Papststuhl und erklärt vier Jahre später Avignon zu seiner Residenz. Bis 1377 residieren insgesamt sieben Päpste in Avignon, hinzu kommen bis 1403 noch zwei Gegenpäpste in Konkurrenz zu den inzwischen wieder in Rom herrschenden Oberhirten.
1388	Die Grafschaft Nizza geht an das immer mächtiger werdende Haus Savoyen.
1481	Nach dem Tod von Graf René von Anjou und seines ihm nachfolgenden Neffen Karl II. von Maine erbt der französische König Ludwig XI. die Provence.

Das weiße Gold

Wirtschaftliche Bedeutung erlangte ab dem 16. Jh. das Salz. Die Salzstraße über den Col de Tende wurde unter der Herrschaft Savoyens zwischen Nizza und Turin für den Salztransport angelegt. Gewonnen wurde das »Weiße Gold« in Hyères und Toulon. Durch den Anschluss der Grafschaft Nizza hatte der Alpenstaat Savoyen einen Zugang zum Mittelmeer erlangt. Der natürliche Hafen von Villefranche wurde zum Freihafen ausgebaut. Das 16. und 17. Jh. waren die goldenen Zeiten für die Dörfer entlang der Salzstraße, die von über 30 000 Maultierkarawanen pro Jahr genutzt wurde.

16. Jh. Auch in Südfrankreich toben die Religionskriege zwischen Protestanten und Katholiken. 1545 werden im Lubéron über 2000 Waldenser massakriert. Der Glaubenskrieg endet 1560 mit dem Edikt von Nantes. Zudem kommt es Ende des 16. Jh. auch zu blutigen Bauernaufständen.

1555 Nostradamus veröffentlicht in Salon-de-Provence seine Weissagungen.

1720/21 In Marseille fallen über 40 000 Menschen dem »Schwarzen Tod«, der Pest, zum Opfer.

1765 Die ersten englischen Adeligen kommen an die südfranzösische Küste, um in mildem Klima dem feuchten und kalten Winter auf der Britischen Insel zu entfliehen.

1789 Beginn der Französischen Revolution.

1793 Der korsische Leutnant Napoléon Bonaparte beendet die englische Besatzung von Toulon und wird für seine Verdienste zum General befördert.

1815 Napoléon, der sich am 2. Dezember 1804 selbst zum Kaiser gekrönt hatte, flieht aus seinem Exil auf Elba und landet am 1. März bei Cannes. Er zieht auf der heutigen *Route Napoléon* über Grasse und Grenoble nach Paris, wo er am 20. März von Beifallsstürmen des Volkes begleitet eintrifft. Seine »Herrschaft der hundert Tage« beginnt, die mit seiner Niederlage in der Schlacht von Waterloo endet.

1860 Nach einer Volksabstimmung fällt die Grafschaft Nizza an Frankreich.

1887 Mit seinem Buch »La Côte d'Azur« gibt der Schriftsteller Stephen Liégeard der Küste zwischen Hyères bzw. Cannes im Westen und Menton im Osten einen Namen.

1933 Viele deutsche Intellektuelle flüchten vor den Nationalsozialisten in den Süden Frankreichs und bilden mancherorts wie in Sanary-sur-Mer Exilanten-Kolonien.

1942	Die deutsche Wehrmacht besetzt die bis dahin so genannte »freie Zone« Südfrankreichs.
1944	Am 15. August landen die Alliierten an der Küste im Osten Toulons und befreien den Süden Frankreichs.
1962	Nach dem Ende des algerischen Unabhängigkeitskrieges siedeln Massen von *pieds noirs* (Schwarzfüße = Auslandsfranzosen) von Algerien in den Süden Frankreichs um.
1974	Die sechs Départements Alpes Maritimes, Hautes-Alpes, Alpes-de-Haute-Provence, Var, Vaucluse und Bouches-du-Rhône bilden die Region (Provence-Alpes-Côtes d'Azur, PACA).
1998–2003	Die rechtsradikale *Front National* stellt nach den Kommunalwahlen die Bürgermeister von Toulon, Orange und Vitrolles. Die Bürgermeister von Orange und Vitrolles werden 2001 wiedergewählt. Ostern 2003 findet der Parteitag der Front National in Nizza statt. Die Vereinigung für die Demokratie in Nizza (ADN) setzt sich gegen das Image der Küstenstadt als Hochburg der Rechten zur Wehr.
2005	Der Höhenzug der Alpilles wird zum Parc Naturel Régional ernannt. Am 6. April stirbt Fürst Rainier III., der 56 Jahre über das kleine Fürstentum Monaco herrschte. Ihm folgt sein Sohn Albert als Staatsoberhaupt nach.
2007	Im Mai löst Nicolas Sarkozy Jacques Chirac als Staatspräsident der französischen Republik ab.
2008	Nizza kandidiert für die Olympischen Winterspiele 2018. ❄

»Napoléon auf dem Großen St. Bernhard«: Gemälde von Jacques-Louis David (1801, Kunsthistorisches Museum, Wien)

3 Vista Points

Orte, Landschaften und Sehenswürdigkeiten

Toulon

Es sind nicht allzu viele Touristen, die Toulon besuchen, und denen, die möchten, macht es die knapp 200 000 Einwohner zählende Hafenstadt schon bei der Anreise nicht leicht. Beherrschen doch rechts und links der Einfallstraßen unschöne Trabanten-Siedlungen und Gewerbegebiete die Szenerie. Toulon fehlt es auf den ersten Blick an jeglicher mediterraner Schönheit. Doch der städtische Flaneur stößt immer wieder auf charmante Ecken. Wer einen Blick für Gegensätze und Absurditäten urbanen Hafenlebens hat, findet eine solche Ecke z. B. an der Rue Chevalier/Rue Victor Micholet, wo Fassadenmalerei ein ehemaliges Bordell und sein Nachbarhaus ziert. Vor allem in der **Altstadt** mit weitläufiger Fußgängerzone, vielen Brunnen, netten Restaurants, **Oper**, geschäftiger Markthalle, **Kathedrale** und der Place Victor Hugo zeigt sich Toulon von einer angenehmen Seite. Durch die Altstadt – im 19. Jh. galten Toulon und Umgebung wegen der stattlichen Anzahl von 203 Brunnen als »Stadt der Brunnen« – führt der **Circuit touristique**, ein ausgeschilderter Stadtrundgang.

Bereits im 16. Jh. wurde der traditionsreiche Marinestandort von Ludwig XII. zum Militärhafen ausgebaut. Hier begann übrigens der Aufstieg von Napoléon Bonaparte, der im Dezember 1793 den wichtigen französischen Hafen von der englischen Besatzung befreite und für diesen Sieg zum General befördert wurde.

Eine Sünde der 1970er Jahre ist die Bebauung an der **Hafenpromenade**. In Augenhöhe sieht eigentlich alles ganz normal aus: die üblichen Restaurants, Bars, Snack-Cafés und Souvenirshops wechseln einander mit schöner Regelmäßigkeit ab, davor promeniert die Jugend. Doch wandert der Blick nach oben, traut man seinen Augen nicht. Die schnuckeligen Bars und Cafés befinden sich in einem etwa 600 m langen, siebenstöckigen Plattenbauriegel, der den Hafen komplett von der Altstadt absperrt. Dennoch sitzt es sich in den Hafencafés bei *Moules Frites* und Blick auf die Bucht recht angenehm.

i **Office du Tourisme**
334, ave. de la République, 83000 Toulon
℃ 04 94 18 53 00, Fax 04 94 18 53 09
www.toulontourisme.com

Mo, Mi–Sa 9–18, Di 10–18, So 10–12 Uhr, Juli/Aug. Mo–Sa bis 20 Uhr

Téléphérique du Mont Faron
Toulon, ☎ 04 94 92 68 25

584 m ist er hoch, Toulons Kalksteinberg Mont Faron. Er ist zwar nicht die höchste Erhebung an der Mittelmeerküste, aber die einzige mit Seilbahn. Einen kleinen Zoo mit Raubtierzucht gibt es auf dem Gipfel auch. Einstieg: Bd. Admiral Vence (nördlich des Zentrums), Buslinie 40, Haltestelle »Téléphérique«. Kein Seilbahnverkehr bei starkem Wind.

Cathédrale Ste-Marie-de-la-Seds
In der Fußgängerzone, Toulon

Wer durch die Fußgängerzone bummelt, kommt irgendwann automatisch an der romanischen Kirche vorbei, die im 17. Jh. umgebaut wurde. Sie präsentiert sich in einem Stilmix aus klassischer Fassade mit barocken Details, massivem Turm mit typisch zierlich-schmiedeeisernem Glockenturmaufsatz und gotischem Inneren.

Le Bateau sculpture
Rue Vezzani, Passage des Capucines, Toulon

Aus der Wand eines normalen Wohnhauses ragt ein Schiffsbug: der originalgetreue Nachbau eines königlichen Schiffs aus dem 17. Jh. Das Neptun-Original befindet sich im Musée de la Marine.

Opéra
Place Victor Hugo, Toulon, ☎ 04 94 92 70 78

Der schöne Bau des Théâtre municipal von 1862, der größten Oper der Region, ist bekannt für ihre

Die Hafenpromenade in Toulon

> **Toulon im Nahverkehrsnetz**
> In Toulon gibt es für das Nahverkehrsnetz eine **Tageskarte** (€ 6) für die unbegrenzte Nutzung von Bussen und Schiffen, in der auch eine Hin- und Rückfahrt mit der Kabinenbahn »Téléphérique du Mont Faron« eingeschlossen ist.

hervorragende Akustik. Die Statuen an der prächtigen Fassade symbolisieren Tragödie und Komödie. Das Innere zeigt sich im puren Stil Napoléons III.: in Rot und Gold gehalten, bestückt mit Bildern, Stuck und Bronze.

Hôtel des Arts
236, bd. Maréchal Leclerc, Toulon
© 04 94 91 69 18
Di–So 11–18 Uhr, Eintritt frei
Das Haus stammt aus dem 19. Jh., die Kunst – Malerei, Skulpturen und Fotos – aus der zweiten Hälfte des 20. Jh. bis heute.

Maison de la Photographie et de la Figurine
Rue Nicolas Laugier, Place du Globe, Toulon
© 04 94 93 07 59, Di–Sa 12–18 Uhr
Zeitgenössische Fotografie und Figurenmuseum.

Musée de la Ville
113, bd. Maréchal Leclerc, Toulon
In einem italienischen Renaissance-Bau beherbergt das Stadtmuseum das Musée d'Art (© 04 94 36 81 00, Di–So 12–18 Uhr, Eintritt frei) mit Fotos und seiner Sammlung provenzalischer Maler des 17.–20. Jh. sowie das Musée d'histoire naturelle (Di–Fr 9–18, Sa/So 11–18 Uhr) mit einer naturwissenschaftlichen Sammlung.

Musée du Vieux Toulon
69, cours Lafayette, Toulon
© 04 94 62 11 07
Mo, Mi, Sa 15–18 Uhr, Eintritt frei
Erinnerungsstücke erzählen die Geschichte von Toulon und der Region.

Musée Jean Aicard-Paulin Bertrand
Av. du 8 Mai 1945, La Garde, Toulon
© 04 94 14 33 78
Mitte Juni–Mitte Sept. Di–So 13–19 Uhr, sonst Di–Sa 12–18 Uhr, Eintritt frei
Außerhalb des Zentrums taucht man in den Alltag des provenzalischen Poeten Jean Aicard ein. Büro und Bibliothek sind mit persönlichen Gegenständen bestückt, außerdem Werke des Maler-Freundes Paulin Bertrand. Das Museum widmet sich auch dem orientalischen Zeitgeschmack des ausgehenden 19. Jh.

Musée National de la Marine
Place Monsenergue (Eingang: Arsenal), Toulon

Maritime provenzalische Santons (Toulon)

✆ 04 94 02 02 01, www.musee-marine.fr
Sept.–Juni tägl. außer Di 10–18, Juli/Aug. tägl. 10–18 Uhr
Unter den Schiffsmodellen sind zwei spektakuläre, ca.
5 m lange Exponate, außerdem Galionsfiguren, Gemälde
und Karten. Der Glockenturm auf dem Arsenal-Gelände
läutete einst zu Beginn und Ende der Arbeitszeit.

👁 Kupfermine von Cap Garonne
Die alte Kupfermine von Cap Garonne bei Le Pra-
det gehört zu den schönsten Mineralfundstätten der
Welt, auf rund 4000 m² sind Galerien und Mineralausstel-
lungen untergebracht.

🍴☕ La Brioche Dorée
8, place Amiral Victor Sénès, Toulon
Filiale einer französischen Kette von Coffee- und
Gebäckshops. An einem hübschen Altstadtplatz gelegen, ist es eine gute Frühstücksadresse. Neben Croissants etc. auch belegte Baguettes. €

🍴☕ Le Chamo
Place Noël, Toulon
✆ 04 94 93 14 37
Straßenverkauf mit süßen und herzhaften Backwa-
ren, z. B. Croissants im XXL-Format für den kleinen oder
großen Hunger zwischendurch – und das rund um die
Uhr 365 Tage im Jahr. €

> **Moules et Frites**
> Kulinarischer Promenadenrenner: *Moules Frites* (Muscheln mit
> Pommes frites). Fast jedes Restaurant bietet die Schalentiere in etlichen
> Varianten an, z. B. mit Safran, Curry oder Weißwein, € 9–10.

F 1/2

✖ Le clin d'œil
18, rue Seillon, Toulon
© 04 94 09 42 76, So und Mo mittags geschl.
Kleines, typisch südfranzösisches Restaurant hinter dem hässlichen Rathaus. Gute Menüs, keine Außenplätze. €€

✖ Opéra Bouffe
14–16, rue Molière, Toulon, © 04 94 91 11 78
Ausgesprochen freundliches Restaurant gegenüber der Oper. Vielleicht mit den küstenweit besten *Plateaux Coquillages et Croquillages* – Platten mit Muscheln, Austern, Krebsen, Crevetten, Seeschnecken, Langusten etc. €–€€

🛍 Le Fêtard
93, av. Franklin Roosevelt, Toulon, © 04 94 42 52 60
Alles fürs richtige Outfit zum Karneval in Nizza oder für Halloween.

🛍 Galeries Lafayette
9, bd. de Strasbourg, Toulon, © 04 94 22 39 71
Auch in Toulon hat das bekannte Kaufhaus eine Filiale.

🚢 **Hafenrundfahrten** werden das ganze Jahr über geboten, Dauer ca. 1 Std., Preis € 8,50. Außerdem Ausflugsschiffe und Linienverkehr nach St-Mandrier, Sablettes, Tamaris, Le Seyne. Andere Boote machen Ganztagestouren zur Île de Porquerolles, € 20 (zwischen 9.20 und 18.15 Uhr, 1 Std. Transfer).

🎭 Jazzfreunde zieht es im Juli zum **Festival de Jazz**. Im Oktober steht das Festival des See- und Unterwasserfilms, **Festival du Film maritim d'Exploration et d'Environnement**, auf dem Programm, © 04 94 92 99 22, www.fifme.com.

F2/3

Hyères
Obwohl kein klassischer Strand- und Badeort, entwickelte sich das einige Kilometer von der Küste entfernt gelegene Hyères (54 000 Einwohner) bereits im frühen 19. Jh. zum beliebten Erholungsort der damaligen Society. Adel, Künstler und Industrielle tummelten sich hier, aber nicht im Sommer, wie man heutzutage annehmen würde, sondern im Winter. Zu verdanken hatte das Städtchen mit der verschachtelten Altstadt seinen Ruhm dem milden Klima, der üppigen Vegetation – man schmückt sich gern ob der vielen Palmen mit dem Beinamen *Les Palmiers* – und den reizenden **Îles d'Hyères** vor der Küste. Prächtige Villen und das renovierte Casino stammen aus jener glanzvollen Zeit. Doch bereits gegen Ende des 19. Jh. – der Begriff Côte d'Azur wurde gerade erfunden – liefen Nizza und Cannes Hyères den Rang als beliebtestes Winterdomizil ab.

Der Mistral lässt die Funboards hüpfen

Die Îles d'Hyères, bestehend aus den Inseln Levant, Port-Cros und Porquerolles, begeisterten damals wie heute Naturliebhaber ob ihrer außergewöhnlichen Tier- und Pflanzenwelt. Windsurfer nutzen den kräftig wehenden Mistral an den Stränden der vorgelagerten Halbinsel **Presqu'île de Giens**. Zu Stränden und Inseln gesellen sich in der Stadt einige Sehenswürdigkeiten wie der **Templer-Turm**, die **Stiftskirche St-Paul**, die **Kirche St-Louis**, das im Parc St-Bernard auf dem höchsten Punkt der Stadt (Aussicht!) gelegene **Château** und die avantgardistische, deutlich vom Kubismus geprägte **Villa de Noailles**. Der Architekt Robert Mallet-Stevens hat die Villa 1924–1933 erbaut, Luis Buñuel nahm sie zum Schauplatz seines skandalträchtigen Films »Das goldene Zeitalter«.

ℹ Office de Tourisme
3, av. Ambroise Thomas, BP 721, 83412 Hyères
℡ 04 94 01 84 50, Fax 04 94 01 84 51
www.hyeres.fr, www.ot-hyeres.fr
Im Forum des Casinos.

👁 Site archéologique d'Olbia
Quartier de l'Almanarre, von Hyères aus D 559 Richtung Carqueiranne oder Buslinie 39 ab Busbahnhof
℡ 04 94 57 98 28, Fax 04 94 57 98 28
www.monum.fr

April–Sept. 9.30–12.30 und 15–19 Uhr
Auf einer kleinen Anhöhe am Meer liegt die von den Griechen im 4. Jh. v. Chr. gegründete Seehandels- und Festungsstadt Olbia, die einzig erhaltene Stätte ihrer Art an der Mittelmeerküste. Römische und griechische Spuren wie Thermen, Kultstätten und Wohnhäuser können von Besuchern erkundet werden.

👁 Château d'Hyères
Ein paar Ruinen des alten Schlosses aus der ersten

Hälfte des 11. Jh. stehen noch. Vor allem der Ausblick auf die Stadt und bis zu den Inseln ist fantastisch!

 Villa Noailles
Montée de Noailles, Hyères
℡ 04 98 08 01 98, Mi–So 10–12.30 und 14–17.30 Uhr
Die kubistische 40-Zimmer-Villa war der erste Bau der modernen Architektur in Frankreich und zwischenzeitlich stark sanierungsbedürftig. Ein Teil der Räume wurde inzwischen restauriert. Regelmäßige Ausstellungen ermöglichen den Zugang. Auch Führungen möglich.

 La Colombe
663, route de Toulon, La Bayorre
℡ 04 94 35 35 16
Sa, Mo und Di mittags geschl. (Juli/ Aug.), Sa mittags, So abends und Mo geschl. (Sept.–Juni)
Tartar vom Krebs mit *crisby*-Gemüse oder Hummer-Ravioli in einer Anis-Sauce: Das La Colombe ist längst kein Geheimtipp mehr. €€–€€€

 L'Eau Salée
Port du Niel, Giens
℡ 04 94 58 92 33
Beliebtes Restaurant bei Giens direkt am Meer. €€

 Les Jardins de Bacchus
32, av. Gambetta, Hyères
℡ 04 94 65 77 63
Sa mittags, So abends und Mo geschl.
Etabliertes, immer wieder von Gault Millau und Michelin gelobtes Restaurant. €€€

 Casino des Palmiers
1, av. Ambroise Thomas, Hyères
 Das prachtvolle restaurierte Casino ist so etwas wie der gesellschaftliche Mittelpunkt des Palmenstädtchens. Neben den üblichen Glücksspielvarianten von Black Jack bis Roulette gibt es Restaurants und Bars sowie ein luxuriöses, kleines Hotel.

 Festival International des Arts de la Mode (Internationales Modekunstfestival) Ende April/Anf. Mai.

Îles d'Hyères

Die **Île de Porquerolles** ist die größte der drei Inseln, hier gibt es Hotels, Restaurants und Geschäfte. Sie misst 7 km in der Breite und 2,5 km in der Länge. Das Eiland präsentiert sich mit großen Kiefernwäldern und Eukalyptusbäumen und einer wilden Küste. Man erkundet die Insel am besten zu Fuß oder mit dem Rad, es gibt ein 50 km langes Wegenetz und am Hafen mehrere Fahrradverleih-Stationen. Zum Baden laden feine, helle Strände und glasklares Wasser ein. Man kann den auffallend schönen Leuchtturm besuchen (℡ 04 94 58 30 78, Saison 10–12 und 14–18 Uhr, sonst 11–12 und 14–16 Uhr), eine Ausstellung über die Geschichte der Insel im Fort Ste-Agathe aus dem 16. Jh. anschauen (℡ 04 94 58 07 24, Mai–Sept. 10–12 und 14–18 Uhr) oder durch den Garten des Conservatoire Botanique National Méditerranée flanieren, das sich um den Erhalt südfranzösischer Wildpflanzen kümmert (℡ 04 94 12 30 40, Mai–Okt. 10–12 und 14–18 Uhr).

Mit 4 x 2,5 km ist die **Île de Port-Cros** die kleinste der drei Inseln, aber zugleich die bergreichste und wildeste. 194 m ist der Mont Vinaigre hoch, und der kleine Hauptort wirkt wie ein Freibeuternest. An der Küste ragen fast überall Klippen steil in die Höhe. Sonnenhungrige und Wasserratten haben die Wahl zwischen drei kleinen Stränden: Port Man, La Palud und Plage du Sud. 1963 wurde Port-Cros Europas erster Nationalpark mit einer maritimen Zone. Vor dem Strand von La Palud können Taucher auf einem ausgeschilderten Lehrpfad die faszinierende Unterwasserwelt erkunden. Wer lieber an Land bleibt, lernt die Insel am besten auf den ausgeschilderten Wanderwegen kennen, die herrliche Ausblicke bieten. Die **Île du Levant** steht im Zeichen der Freikörperkultur.

i **Bureau d'Informations de Porquerolles**
Île de Porquerolles
℡ 04 94 58 33 76, Fax 04 94 58 36 39
ww.porquerolles.com

Y **Domaine de la Courtade**
Île de Porquerolles
℡ 04 94 58 31 44
www.lacourtade.com
Nach Vereinbarung Mo–Fr 10–12 und 13.30–16 Uhr
Produziert Côtes-de-Provence AOC rosé, rot, weiß.

Y **Domaine de l'Île**
Île de Porquerolles
℡ 04 98 04 62 30
Die Cotê-de-Provence-Weine des Familienweinguts (seit 1910) gibt es im Ort zu kaufen.

🏃 **Porquerolles plongée**
Carré du Port-Local n°7, Île de Porquerolles
℡ 04 98 04 62 22, Fax 04 98 04 62 23
www.porquerolles-plongee.com
Tauchschule für Anfänger bis Fortgeschrittene.

 Regelmäßige **Fährverbindungen** bestehen zu allen drei Inseln.

F4

Le Lavandou

Zwischen Le Lavandou – der Name leitet sich von Lavendel ab – und **Cavalière** verläuft die *Corniche des Maures*. Entlang der Küstenstraße reiht sich ein ausgezeichneter Strand an den anderen. Gleich mehrerer Traumstrände rühmt sich Le Lavandou selbst. Kein Wunder, dass der ehemals kleine Fischerhafen zum beliebten Badeort avancierte, inklusive einer touristischen Infrastruktur von Ferienwohnungen über den Jachthafen bis zur belebten Promenade. Doch erfreulicherweise sind auch einige alte Gassen erhalten geblieben.

ℹ️ **Office du Tourisme**
Quai Gabriel Péri, Le Lavandou
© 04 94 00 40 50, www.lelavandou.eu

🏛️ **Musée du Coquillage**
Am neuen Hafen in Tunnelnähe, Le Lavandou
©/Fax 04 94 15 09 21
Feb.–Okt. So–Fr 10–12 und 14–18 Uhr, Nov./Dez. So–Fr 14–17, Juli/Aug. auch 20.30–22.30 Uhr
Museum für die schönsten Muscheln dieser Welt.

🚢 Mit den regelmäßig verkehrenden Fähren gelangt man auf die **Île de Port-Gros** und **Île du Levant**.

🌳 Ein Muss ist der Besuch von **Le Domaine du Rayol** mit über 400 Arten von Mittelmeerpflanzen. Das Conservatoire du Littoral kümmert sich um schützenswerte mediterrane Flora. An der Kasse ist eine kleine

Die Corniche des Maures zwischen Le Lavandou und Cavalière

Das Mimosendorf Bormes-les-Mimosas nördlich von Le Lavandou

Broschüre erhältlich, mit der man die Gärten gut erforschen kann (Av. des Belges, Le Rayol Canadel, ✆ 04 98 04 44 00, www.domainedurayol.org, Ende Jan.– Nov. tägl. 9–19 Uhr).

Ausflugsziel:

Der zweite Teil im Namen des beliebten Ausflugsziels **Bormes-les-Mimosas** nördlich von Le Lavandou erinnert an die Mimosen, die im Februar überall im Dorf in voller Blütenpracht stehen. Dann zieht ein prächtiger Blumenkorso durch die Straßen. Der Duft der Blumen begleitet den Besucher beim Spaziergang durch die gemütlichen Gässchen des mittelalterlichen Zentrums und zur Kapelle St-François-de-Paul (Office du Tourisme, 1, place Gambetta, 83230 Bormes-les-Mimosas, ✆ 04 94 01 38 38, www.bormeslesmimosas.com).

Cogolin

»Head in the hills, feet in the water«, damit wirbt Cogolin um Touristen. Gemeint ist, dass sich das Ortsgebiet von den Ausläufern des Massif des Maures bis an den Mittelmeerstrand hinunterzieht. Im Inland liegt das alte Dorf, am Meer **Les Marines de Cogolin**, einer der größten Jachthäfen an der Küste, und **Port Cogolin**, ein erst unlängst gebauter Hafen mit Ferienwohnungen für Segler. Bei Marines de Cogolin gibt es auch einen familienfreundlichen Strand. Cogolin ist eine Hochburg des Kunsthandwerks. Gleich zwei Firmen liefern Mundstücke für Blasinstrumente in alle Welt. Teppichmanufakturen und Keramikwerkstätten sind hier angesiedelt, und auch eine der ältesten Pfeifenfabriken ist in Cogolin zu Hause.

Cogolin: Willkommen in der Pfeifenfabrik!

Natürlich spielt der Weinbau eine große Rolle. Den Beginn der Weinlese feiert das Dorf im August.

ℹ Office du Tourisme
Place de la République, 83310 Cogolin
✆ 04 94 55 01 10, Fax 04 94 55 01 11
www.cogolin-provence.com

🏛 Musée Raimu
18, av. Georges Clemenceau, Cogolin
✆ 04 94 54 18 00, Di–So
Das Leben des Schauspielers Raimu.

🏛 Musée Sellier
Demeure Sellier, 4–6, rue Nationale, Cogolin
✆ 04 94 54 63 28
Ausstellungen über die Geschichte der Templer im Var und über das Huhn, das Wappentier von Cogolin.

🎁 Les Pipes Courrieu
Av. Georges Clemenceau, Cogolin
✆/Fax 04 94 54 63 82
www.courrieupipes.fr
Pfeifen aus   Mo–Fr 9–12 und 14–18 Uhr
Cogolin   Willkommen in der Pfeifenfabrik!

St-Tropez

Ach, was waren das für herrliche Zeiten, als Brigitte Bardot diese mythische Stadt besang! Das ist lange her, noch länger liegt der Aufstieg von St-Tropez zum Promi-Ort zurück. Er begann Ende des 19. Jh. mit Paul Signac. Der Maler entdeckte 1892 den kleinen Fischerhafen und ließ sich hier nieder, andere Künstler folgten. Heute trifft sich in der an einer traumhaft schönen Bucht gelegenen Stadt der internationale Jetset. Die Reichen und Schönen dieser Welt stellen ihre Extravaganzen zur Schau und gehen hier auch gerne teuer shoppen. Schließlich führt beim Boutiquen-Rating der amerikanischen Mode-Bibel »WWO« St-Tropez die Top Ten der schicksten Ferienspots in Europa an, übertrumpft es doch die Konkurrenz mit einer Zahl von rund 320 Designer- und Luxusboutiquen. Einkaufsstraßen sind z. B. die **Rue Clemenceau** und die **Rue Gambetta**. Am Hauptplatz, der **Place des Lices**, heißt es in den zahlreichen Cafés »Sehen und Gesehen werden«. Wöchentlich stehen an dem hübschen Fleckchen auch die Stände des bunten Wochenmarkts. Trotz des Rummels während der Saison ist St-Tropez ein charmanter Ort, fürs gemütliche Sightseeing sollte man allerdings frühmorgens dort sein.

Wer lieber durch Kultur und Geschichte bummelt, anstatt die Auslagen der Schaufenster zu betrachten, kann einen ausgedehnten Rundgang durch St-Tropez unternehmen. Da wären der **alte Hafen** mit der unübersehbaren Bronzestatue von Pierre-André de Suffren und nicht weit entfernt, direkt am Touristenbüro, die mit Mosaiken und Marmorplatten verzierte **Porte de la Poissonnerie**, das Tor zur Altstadt. Über der Stadt wacht die **Zitadelle**. Der Weg hinauf lohnt, da von dort das Massif des Maures wunderbar zu erkennen ist.

Einige Kilometer südlich von St-Tropez liegen die berühmten Badestände der **Baie de Pampelonne**, die schon zum Ortsgebiet von Ramatuelle gehören. Die Strände

Kunstmarkt am Hafen von St-Tropez

sind gespickt mit noblen Beach Clubs, die schon mit ihrem Namen polynesisches Flair verbreiten: Tiki Beach, Moorea Plage, Pago Pago, Tahiti oder Bora Bora. **Ramatuelle** liegt eingebettet in Weinberge inmitten der Halbinsel St-Tropez rund 5 km von der Küste entfernt. Enge Gassen und alte, blumengeschmückte Häuser bestimmen das Aussehen dieses typischen Provence-Dorfes. Sehr malerisch ist auch das benachbarte **Gassin**.

ℹ **Office du Tourisme**
– Quai Jean-Jaurès, 83990 St-Tropez
℡ 08 92 68 48 28, www.saint-tropez.st
– Place de l'Ormeau, 83350 Ramatuelle
℡ 04 98 12 64 00, Fax 04 94 79 12 66

🏛 **Zitadelle/Musée Naval de la Citadelle**
St-Tropez
℡ 04 94 97 59 43, tägl. geöffnet
Seefahrtsmuseum in der Zitadelle.

🏛 **Musée de l'Annonciade**
Place Georges Grammont, St-Tropez
℡ 04 94 17 84 10, Juni–Sept. Mo–Sa 10–13 und 14–22, So bis 18 Uhr, sonst 10–12 und 14–18 Uhr, Di und Nov. geschl. Erbaut 1568 als Kapelle, zwischenzeitlich als Segelschneiderei, Schule und Tanzhaus genutzt, ist das Haus heute ein Museum für französische Malerei vom Ende des 19. bis Mitte des 20. Jh. Das Museum erinnert daran, das St-Tropez einst Hochburg der Pointillismus-Maler war. Die Vertreter dieser Spätform des Impressionismus setzten Farbtupfen unverbunden nebeneinander. Aufgebaut wurde das Museum vom reichen Fabrikanten und Kunstliebhaber Georges Grammont. Er finanzierte den Umbau der alten Kapelle am Hafen und stellte einige Bilder seiner Privatsammlung zur Verfügung.

✕ **Chez Fuchs**
7, rue des Commerçants, St-Tropez
℡ 04 94 97 01 25, Di geschl., Juni–Sept. nur abends
Provenzalische Spezialitäten zum Genießen. €€–€€€

Frische Barben aus dem Mittelmeer

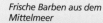

✕ **Chez la Thailandaise**
Am Hafen, St-Tropez
℡ 04 94 97 88 22
Ableger eines bekannten Restaurants in Phuket. Seit 1991 steht Chefköchin Miss Vitamine am Herd des klimatisierten und asiatisch eingerichteten Restaurants am Hafen und zelebriert ihre »Thai-Edel-Cuisine«. €€€

✕ **Club 55**
43, bd. Patch, Ramatuelle
℡ 04 94 55 55 55, nur mittags

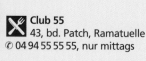

In Hafennähe: das Café Sénéquier in St-Tropez

In dem exklusiven Strandrestaurant lässt es sich auch die Hollywood-Prominenz gern gut gehen. €€€

Table du Marché

38, rue Georges Clemenceau, St-Tropez
✆ 04 94 97 85 20, www.christophe-leroy.com
Christophe Leroy ist bekannt wie ein bunter Hund und mit seinem Restaurant daher auch in jedem Reiseführer zu finden – zu Recht. Neben provenzalischer Küche im ersten Stock auch eine Sushi-Bar. €€

Sénéquier, Café de Paris und Le Gorille
Am Hafen, St-Tropez
Die drei konkurrieren seit Jahrzehnten heftig um die Gunst der Promis und Touristen. Das Sénéquier hat die schönen quietschroten Stühle, das Café de Paris kein so schlechtes Sushi und Le Gorille zumindest früher Brigitte Bardot. €€

Spoon Byblos

Av. du Maréchal Foch, St-Tropez, ✆ 04 94 56 68 20
Trend-Restaurant nach einem Konzept von Koch-papst Alain Ducasse. Nicht nur die Küche – *Mediterranean Rim* mit provenzalischen, katalanischen, marokkanischen und italienischen Einflüssen – ist top, auch das Design setzt Maßstäbe für Südfrankreich. €€€

Vip Room

Résidence du nouveau Port St-Tropez
✆ 04 94 97 14 70, www.viproom.fr
Sommer tägl. 19–5 Uhr, Winter Fr/Sa 19–5 Uhr
Von außen unscheinbar, ist der Club dennoch einer der Dauerbrenner im Nachtleben von St-Tropez.

Atelier Ivan Hor
40, rue Gambetta, St-Tropez
℗ 04 94 97 73 82, www.ivanhor.com
Warum nicht ein Bild mit aufgeklebten Papierschiffchen an die Wand hängen? Derlei lustige Motive bestimmen so manches Werk von Ivan Hor.

Paul Signac: »Der Hafen von St-Tropez« (1899, Musée de L'Annonciade, St-Tropez)

Déesses
34, rue Georges Clemenceau St-Tropez
℗ 04 94 97 25 11

eC2

Wenn schon Modeschmuck, dann schön auffällig und glitzernd.

eC1

Blanc-Bleu
1, rue du Gal. Allard, St-Tropez
℗ 04 94 97 66 94
Wie auch sonst in den Blanc-Bleu-Shops: blau-weiße und andersfarbige schicke Klamotten für den Bootstrip.

eC2

Oliviers & Co
11, rue Georges Clemenceau, St-Tropez
℗ 04 94 97 34 69
Olivenöl zum Kosten und Kaufen, außerdem andere Delikatessen rund um die Olive.

eC2

Poterie Augier
19, rue Georges Clemenceau, St-Tropez
℗ 04 94 97 12 55, tägl. 9–20 Uhr
Kein schlechtes Souvenir: Töpferwaren aus St-Tropez.

eD2/3

Di und Sa vormittags ist **provenzalischer Markt** auf der Place des Lices.

F5

Gassin Golf Country Club
Route de Ramatuelle, Gassin
℗ 04 94 55 13 44, www.gassingolfcc.com
An der Golf-Akademie wird Individual- und Gruppenunterricht für Anfänger und Fortgeschrittene erteilt.

Alljährlich Mitte Mai (16.–18.) steht in St-Tropez die **Bravade** an, dann wird die glorreiche Vergangenheit des Hafens gefeiert, der lange für den Schutz des Golfs vor Eindringlingen eine Rolle spielte. Am 15. Juni folgt die *Bravade*, die an den Sieg über die spanische Flotte anno 1637 erinnert.

E4/5

Grimaud/Port Grimaud
Besser bekannt als das 5 km von der Küste entfernt gelegene mittelalterliche Dorf unterhalb einer verfallenen Burg ist seine Stranddependance **Port Grimaud**. Die »Klein-Venedig« oder »Venedig der Provence« genann-

te Feriensiedlung wurde in den 1960er Jahren an einem schönen Sandstrand erbaut, wobei der Architekt sich bemühte, provenzalische Bautradition etwa bei der Dorfkirche, aber auch bei den Ferienhäusern einfließen zu lassen. Durchzogen ist der Ort von zahlreichen Kanälen – was Bootsbesitzern einen Liegeplatz praktisch vor der Tür garantiert –, an denen man abends an den Tischen der Restaurants und Cafés sitzt. Obwohl der am Reißbrett entworfene Urlaubsort inzwischen in die Jahre gekommen ist, hat er von seinem Charme nichts eingebüßt. Als Standort für einen kombinierten Strand-und-Provence-Touren-Aufenthalt ist Port Grimaud bestens geeignet.

Das alte **Grimaud** ist ein süßer, verwinkelter Ort, durch den Touristen gerne schlendern. Auf dem Weg nach oben kann man die Ausstellungen zahlreicher Galerien bewundern. Nach vielen steilen Treppen erreicht man das Château, das den Ort bewacht. Das *Castrum* (Festung) wurde erstmals im 11. Jh. erwähnt, das Schloss im 15. Jh. Von der Anlage, die in den Religionskriegen zerstört wurde, sind heute noch beide Türme zu sehen. Gratis und phänomenal ist der Ausblick von dort oben.

i **Office du Tourisme**
1, bd. des Aliziers, 83310 Grimaud
✆ 04 94 55 43 83, Fax 04 94 55 72 20
www.grimaud-provence.com

Musée municipal des Arts et Traditions populaires
An der RD 558, Ecke Montée de l'Hospice, Grimaud
✆ 04 94 43 39 29, Sommer Mo–Sa 14.30–18 Uhr (Ferien auch So), Winter Mo–Sa 14–17.30 Uhr, Eintritt frei
Hübsches Heimatkundemuseum in einer alten Olivenölmühle und Korkenfabrik mit allerlei häuslichen und landwirtschaftlichen Gerätschaften.

Café de France
5, place Neuve
Grimaud, ✆ 04 94 43 20 05
Nettes Bistro mit guten Menüs. €€

Le Coteau Fleuri
Place de Pénitents
Grimaud, ✆ 04 94 43 20 17
Gehobene mediterrane Küche auf einer Terrasse mit Aussicht. €€€

Les Santons
RD 558, Grimaud
✆ 04 94 43 21 02
Di–Do mittags geschl.
Hoch dekorierte provenzalische Küche, z. B. Spezialitäten

Mit Elektrobooten kann man die kleinen Kanäle von Port Grimaud erkunden

wie Lamm aus Sisteron und Trüffel aus dem Haute-Var. €€€

  Le Bartabas
Quartier Naval, Port Grimaud Sud, © 04 94 56 14 96
Gastronomischer Rundumschlag am Wasser. Es werden auch Zimmer vermietet. €€

 Galerie OWO
16, rue de Clastre, Vieux Village de Grimaud
© 04 94 54 27 05
Die Galerie präsentiert einheimische Künstler sowie sehr schöne Blumenkunst.

 ## Roquebrune-sur-Argens/Les Issambres
Roquebrune-sur-Argens blickt auf eine 1000-jährige Geschichte zurück. Das Dorf erhebt sich auf einem Fels am Ufer des Argens. Etwas weiter südlich an der Küste liegt der dazugehörige Badeort Les Issambres, der mit 8 km Stränden und Buchten lockt.

Office du Tourisme
– 12, ave. Gabriel Pére, 83520 Roquebrune-sur-Argens, © 04 94 19 89 89, Fax 04 94 19 89 80
– RN 98, La Pinède, 83380 Les Issambres
© 04 94 96 92 51, Fax 04 94 49 66 55

Chocolaterie Courreau/Musée du Chocolat
2, montée St-Michel, Roquebrune-sur-Argens
© 04 94 45 31 56
1200 Schokoprodukte, Bücher, Bilder und Gefäße stellt Schokoladenmeister Gérard Courreau her. Hier kann man sich mit Schokoladenvorräten eindecken.

 Fest für Honig und regionale Produkte: erstes Oktoberwochenende auf der Place Germain-Ollier.

 ## Fréjus
Das »Pompeji der Provence« ist römischen Ursprungs. Erbaut auf einem Felsplateau, beherrschte die Siedlung Forum Juli die Ebene von Argens und besaß an der Via Aurelia gelegen eine wichtige militär- und handelsstrategische Bedeutung als Umschlagplatz und Kriegshafen. Die Römer hinterließen ihre Spuren mit dem **Amphitheater**, in dem bis heute Kultur- und Sportevents stattfinden, oder dem **Aquädukt**, von dem noch ein paar eindrucksvolle Überreste im Parc Aurélien stehen. Auch die **Porte d'Orée** oder das **römische Theater**, in dessen Ruine in lauen Sommernächten während der *Nuits Auréliennes* Theater gespielt wird, gehören zum römischen Erbe.

Im Jahr 370 wurde Fréjus schließlich zum Bischofssitz erklärt. **Kathedrale, Taufkapelle** – eines der ältesten Bau-

Von Fréjus ist es nicht weit in das Massif de l'Estérel mit seinen roten Porphyrfelsen

werke Galliens – und **Kreuzgang** erinnern unübersehbar im Zentrum der Altstadt daran. Enge Gassen, pastellfarbene Fassaden, Luxusstadtvillen, rauschende Brunnen und schattige Plätze machen den Charme der historischen Altstadt aus. 29 denkmalgeschützte Bauten gibt es in der Stadt. Aber auch Neues: So wurde 1989 im Stil der Badeorte zu Beginn des 20. Jh. der Hafen **Port Fréjus** erbaut. Langfristiges Ziel ist es, den neuen Hafen mit der historischen Altstadt zu verbinden und den zwischenzeitlich zugeschütteten antiken römischen Hafen wieder unter Wasser zu setzen.

Im Süden des Zentrums machen die großen Strände von St-Aygulf und Port Fréjus die Stadt auch für einen Strand- oder Badeaufenthalt interessant.

D/E 5/6

i Office du Tourisme
325, rue Jean Jaurès, 83600 Fréjus
℡ 04 94 51 83 83, Fax 04 94 51 00 26, www.frejus.fr
April/Mai Mo–Sa 9.30–18.30, So 9.30–12 Uhr, Juni–Sept. tägl. 9–19 Uhr, sonst Mo–Sa 9.30–12 und 14–18, So 9.30–12 Uhr

👁 Amphithéâtre
Rue Henri Vadon, Fréjus
℡ 04 94 51 34 31, April– Okt. Di–So 9.30–12.30 und 14–18 Uhr, sonst Di–So 9.30–12.30 und 14–17 Uhr, Eintritt frei
Eines der ältesten Amphitheater (1. Jh.) im alten Gallien.

👁 Aqueduc
Av. du Général d'Armée Calliès, ℡ 04 94 53 11 30
Der Aquädukt leitete einst Flusswasser 40 km weit bis zum höchsten Punkt in Fréjus. Überreste befinden sich im Parc Aurélien mit der Villa Aurélienne. In dem im italienischen Renaissance-Stil renovierten Landsitz finden u. a. Fotoausstellungen statt.

👁 Chapelle Notre-Dame-de-Jérusalem
Av. Nicolaï, Fréjus, ℡ 04 94 53 27 06

27

Öffnungszeiten vgl. Amphitheater S. 27, Eintritt frei
Von Jean Cocteau entworfen, wurde der Bau 1965 von
Edouard Dermit vollendet.

Groupe Épiscopal

D5/6 58, rue de Fleury, Fréjus
℗ 04 94 51 26 30
www.monum.fr
Juni–Sept. tägl. 9–18.30 Uhr, sonst Di–So 9–12 und 14–17
Uhr, Kathedrale: morgens und 14.30–18.30 Uhr
Mittelalterliche Gebäude umgeben die Bischofsanlage,
ein im 11. bis 14. Jh. errichteter Komplex. Die Kathedrale, die Taufkapelle aus dem 5. Jh. und der Kreuzgang stehen dort, wo Julius Caesar 49 v. Chr. die antike Stadt
gründete.

Théâtre Romain

Rue du Théâtre Romain, Fréjus
℗ 04 94 53 58 75
Öffnungszeiten vgl. Amphitheater S. 27
Vom römischen Theater stehen noch Bühnen- und Mau-
erringreste.

Musée Archéologique

Place Calvini, Fréjus
℗ 04 94 52 15 78
Öffnungszeiten vgl. Amphitheater S. 27, Eintritt frei
Archäologisches Museum mit Fundstücken der gallisch-rö-
mischen Stadtgeschichte, darunter die Büste, die zum
Wahrzeichen von Fréjus geworden ist, ein doppelgesich-
tiger Hermes aus weißem Marmor (1. Jh.).

Musée d'Histoire Locale et des Traditions

153, rue Jean Jaurès, Fréjus
℗ 04 94 51 64 01
Öffnungszeiten vgl. Amphitheater S. 27, Eintritt frei
Lokalgeschichte in einem alten Bürgerhaus.

Le Palas

Route de Bagnols, Fréjus
℗ 04 94 53 94 26
Beliebter »Glam(our) Club« mit guten Resident DJs.

Chateau du Rouët

An der D 47, Le Rouët
℗ 04 94 99 21 10, www.chateau-du-rouet.com
Mo–Sa 8–12 und 14–18, Sa 14–18 Uhr

Corniche d'Or
Von Fréjus führt eine der schönsten Küstenstraßen, die **Corniche d'Or**,
nach Norden in Richtung Cannes. Am Weg steht die letzte von Jean
Cocteau entworfene Kapelle, die Chapelle Notre-Dame-de-Jérusalem,
auch Chapelle Cocteau genannt.

Interessantes Weingut mit Côtes-de-Provence-Weinen im Hinterland von Fréjus am Fuß des Estérel-Massivs.

Eines der weltweit wichtigsten Mountainbike-Rennen, das **Roc d'Azur**, wird im Oktober auf dem Freizeitgelände Base Nature gestartet. Gefahren wird über drei Distanzen: 70, 120 und 140 km. Wer es sich zutraut, kann sich anmelden. Infos: www.rocazur.com

Am dritten Sonntag nach Ostern wird in der Altstadt die **Bravade** (Prozession, Spektakel) zu Ehren des Schutzheiligen der Stadt, François de Paule, gefeiert.

Ausflugsziele:
Das Hinterland, Pays de Fayence, bietet mittelalterliche Dörfer, die hoch oben am Fels zu kleben scheinen. Beim Bummel durch **Mons** fallen die *pontis* auf, Brücken, die die erste Etage der Häuser miteinander verbinden. **Seillans** Gebäude erstrahlen in allen Ockerschattierungen. Zum Schloss und zur alten Stadtbefestigung führen feldsteingepflasterte Gassen, sehenswert ist die Kapelle Notre-Dame de l'Ormeau. Von Fréjus, von der Pointe l'Arpillon, wandert man in 3 Std. zum Hafen von St-Aygulf, in die andere Richtung geht es vom Hafen von St-Raphaël nach Agay.

36 km Küste und über 30 Strände hat St-Raphaël zu bieten. Vom Port Santa Lucia bis zum Strand von La Baumette führt ein 8,5 km langer **Wanderweg**. Der Leuchtturm von La Baumette ist nach ca. 2 1/2 Std. erreicht, retour nach St-Raphaël kann man den Bus (Linie 8, Haltestellen entlang des Spazierwegs) oder den Zug nehmen.

St-Raphaël

St-Raphaël

Bis Ende des 19. Jh. war St-Raphaël ein einfaches Fischerdorf. Nach 1864, mit dem Anschluss an die Eisenbahn, entwickelte es sich langsam zum aufsteigenden Badeort. In der Vergangenheit besuchten Victor Hugo, Alexandre Dumas und Guy de Maupassant St-Raphaël. Neben einem alten Hafen gibt es ein mittelalterliches Zentrum mit engen Gassen und der romanischen **Église des Templiers**. Im 20. Jh. wandelte sich die Stadt, in der heute rund 30 000 Menschen leben, immer stärker zu einem mondänen Badeort. Inzwischen hat sie Fréjus als Urlaubsdestination ein wenig den Rang abgelaufen. Natürlich bietet St-Raphaël das komplette Angebot eines internationalen Touristenortes. Größten-

Der Vieux Port, der alte Fischereihafen in St-Raphaël

Erdbeerbaum mit seinen roten kugeligen Früchten

teils machen Franzosen hier Urlaub. Über 30 Strände, z. B. in der Bucht von **Agay**, reichlich Liegeplätze für Jachten, eine quirlige Promenade, gute Sport- und besonders Wassersportmöglichkeiten sowie ein lebhaftes Nachtleben lassen in St-Raphaël keine Langeweile aufkommen.

Office de Tourisme
Rue Waldeck Rousseau
83700 St-Raphaël
℡ 04 94 19 52 52, Fax 04 94 83 85 40
www.saint-raphael.com, Mo–Sa 9–12.30 und 14–18.30, Juli/Aug. tägl. 9–19 Uhr
Besucher können an einer Führung durch St-Raphaël teilnehmen, die Besucher vom mittelalterlichen Fischerdorf bis zur eleganten Belle-Époque-Seeresidenz bringt, außerdem verschiedene Thementouren (einmal wöchentlich, Infos im Touristenbüro).

Musée de préhistoire et d'archéologie sous-marine
Rue des Temliers, St-Raphaël
℡ 04 94 19 25 75, Juni–Sept. Di–Sa 10–12 und 15–18.30 Uhr, sonst Di–Sa 10–12 und 14–17.30 Uhr
In einem alten Turm, der im 13./14. Jh. erbaut wurde, sind prähistorische Funde ausgestellt, außerdem eine stattliche Sammlung antiker Amphoren sowie Stücke, die bei Unterwasserausgrabungen entdeckt wurden.

Bar à Huitres Le Touring
Quai Albert 1er, St-Raphaël, ℡ 04 94 95 01 72
In der Austernbar am alten Hafen gibt es jede Menge Krusten- und Schalentiere. €€

La Bouillabaisse
50, place Victor Hugo, St-Raphaël
℡ 04 94 95 03 57, Mo geschl.
Nettes Altstadtrestaurant; Bouillabaisse, Paella und Langusten sind die Spezialitäten. €€

St-Raphaël: farbenprächtige Bougainvilleen

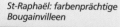

L'Arbousier
6, av. de Valescure, St-Raphaël
℡ 04 94 95 25 00
So abends, Mo und Mi abends geschl.
Empfehlenswertes Spitzenrestaurant mit saisonaler Küche, serviert in einem provenzalischen Ambiente (Menüs € 26–55). €€–€€€

El Camino de Havanna
Port Santa Lucia, St-Raphaël
℡ 04 94 95 41 67, Di–So 19–4 Uhr
Hier laufen Salsa, Merengue und Mambo, dazu gibt's Cocktails und Zigarren.

Märkte – Wochenmarkt: jeden Morgen auf der Place de la République, Fischmarkt: jeden Morgen ab 7.30 Uhr am alten Hafen. Kunsthandwerkliches wird sonntags an der Promenade des Baines angeboten. Im Juli und August findet abends an der Promenade R. Coty der Nachtmarkt statt.

Im Hinterland von St-Raphaël liegt beim hübschen Dorf **Fayence** das wohl größte **Segelflugzentrum** Europas. Auch Kurse (℅ 04 94 76 00 68).

Golfer zieht es auf den **Golfplatz Cap Estérel,** der von seinen Spielbahnen einen wunderbaren Blick auf die Bucht von Sagay bietet (℅ 04 94 82 55 00).

Im Februar stehen die **Mimosenwoche** auf dem Programm, im Juli die **Competition de Jazz New Orléans,** im Oktober das **Streichquartett-Festival.**

Cannes

Die Stadt der Stars und der Internationalen Filmfestspiele ist einmal im Jahr groß in den Medien, wenn weltbekannte Film- und Showgrößen ebenso wie leicht bekleidete Models auf dem roten Teppich posieren. Weniger bekannt ist, dass Cannes auch das Winter-Rentnerparadies der Pariser ist. Für den Aufschwung in Cannes ist in erster Linie Lord Brougham verantwortlich. Anno 1834 wollte er eigentlich nach Nizza, das war aber wegen einer Cholera-Epidemie unmöglich. So hielt er in einem Fischerdorf an: Cannes. Seinem Beispiel folgten später viele englische Aristokraten, russische Prinzessinnen, Maler und Schriftsteller.

Die Croisette in Cannes

Einen Großteil seiner Popularität verdankte Cannes aber auch seiner bevorzugten Lage an einer weiten, offenen Bucht mit den beiden Lérins-Inseln, zu denen Fähren von der Spitze des alten Hafens aus fahren. Parallel zur Bucht verläuft die Prachtmeile **La Croisette**, Bummelboulevard für Bus- wie Jachttouristen, die alle etwas vom Glanz und Glamour abbekommen möchten. An der Promenade reihen sich Luxushotels wie das Carlton und das Hilton Noga, Edelboutiquen von Chanel bis Cartier und Nobelrestaurants aneinander. Am schmalen Strandabschnitt davor sind die Beach Clubs Treffpunkt der betuchten Klientel. Die meisten gehören zu den Nobelhotels, öffentlicher Strandraum ist knapp und am ehesten am Ende der Bucht zu finden.

Die Croisette entlang, vorbei am **Palais des Festivals** mit dem Informationsbüro gelangt man zum **Vieux Port**, dem alten Hafen. Oberhalb erstreckt sich den Hügel hinauf die **Altstadt Le Suquet** mit einigen netten Ecken. So lohnt beim Weg vom **Musée de la Castre** und **Notre-Dame de l'Espérance** hinab zum alten Hafen ein Umweg über die **Rue Meynadier** und den **Markt Forville**.

ℹ Office du Tourisme
Palais des Festivals, La Croisette, 06400 Cannes
✆ 04 92 99 84 22, www.cannes.fr, tägl. 9–19 Uhr
Mi und So (sofern keine Veranstaltungen) bietet das Infobüro Führungen durch den Palais des Festivals.

👁 La Chapelle Bellini
Parc Fiorentina, 67 bis, av. de Vallauris, Cannes
✆ 04 93 38 61 80, Mo–Fr 14–17 Uhr, Eintritt frei
Der Maler Emmanuel Bellini hatte sich ein besonderes Atelier zugelegt, eine Kapelle. Heute ist sie Museum und zeigt seine Karikaturen und Zeichnungen.

Kunstmarkt auf dem Boulevard de la Croisette (Cannes)

🏛 La Malmaison
47, La Croisette, Cannes
© 04 93 06 44 90, April 10–13 und 14.30–18.30 Uhr, Juli–
Sept. 11–20, Fr bis 22 Uhr, sonst 10–12.30 und 14.30–18
Uhr, Mo geschl., Mai/Juni geschl.
Einst gehörte die klassizistische Villa zum Grand Hôtel,
heute zeigt das Musée d'Art Moderne im Erdgeschoss
wechselnde Ausstellungen.

🏛 Musée de la Castre
Le Suquet, Cannes
© 04 93 38 55 26, April–Sept. 10–13 und 14–18 (Juni–Aug.
15–19 Uhr), sonst bis 17 Uhr, Mo geschl.
In der Halbruine eines mittelalterlichen Schlosses werden
zahlreiche kulturgeschichtliche Exponate aus aller Welt
gezeigt, außerdem provenzalische Malerei aus dem
19. Jh. und lokale Kunst. Ein Kunstwerk für sich: der Blick
von hier oben auf die Stadt.

🍴 Aux Bon Enfants
80, rue Meynadier, Cannes
Mai–Sept. tägl., Okt.–April Sa abends, So geschl.
Beliebtes Restaurant mit traditioneller, französischer und
speziell provenzalischer Küche wie Artischocken-Terrine
oder Hase in Rosmarin. €€

🍴 La Palme d'Or
73, La Croisette, Cannes
© 04 92 98 74 14, www.hotel-martinez.com
Zwei Michelin-Sterne und 17 Gault-Millau-Punkte kann
das Gourmetrestaurant im Hotel Martinez an der Croisette vorweisen. Mit etwas Glück trifft man vielleicht auch einen Star. €€€

🍴 Le Bistro de la Galerie
4, rue St-Antoine, Cannes
© 04 93 39 99 38, nur abends, Mo geschl.
Französische Küche. Besonders gut sind Fischgerichte und
die Fischsuppe. €€

🍴
Mehrere preisgünstige Cafés und Restaurants und
auch einen Irish Pub gibt es am Anfang der Croisette. Sie liegen an der westlichen Seite des Hafens am **Quai
St-Pierre**.

🎁 Galeries Lafayette
6, rue du Maréchal Foch, Cannes
© 04 97 06 25 00, www.galerieslafayette.com
Eine Filiale des französischen Kaufhauses.

🎁 Lenôtre
63, rue d'Antibes, Cannes, © 04 97 06 67 67
Der französische Top-Bäcker hat auch ein Café und einen
Gourmetshop in Cannes.

Schies
125, rue d'Antibes, Cannes, © 04 93 39 01 03
Eine Auswahl von rund 60 haus- und handgemachten Schokoladen.

Marché Forville
Cannes, Sommer tägl. 7–13 Uhr, Winter Mo geschl.
In einer großen Halle in Hafennähe werden heimische Produkte feilgeboten.

Espace Miramar
Rue Pasteur & Bd. de la Croisette, Cannes
Neben dem alten Hotel Palais Miramar gelegenes Kulturzentrum für zeitgenössische Ausstellungen (April–Sept. Di–So 14–19 Uhr, Okt.–März Di–So 14–18 Uhr, Eintritt frei), Theater, Tanz, Konzerte und Kino.

Das **Internationale Filmfestival** findet alljährlich im Mai statt.

Ausflugsziele:
Cannes geht in das höher gelegene **Le Cannet** über. Letzteres liegt in einer von Pinien, Oliven-, Orangen- und Eukalyptusbäumen bewachsenen Hügellandschaft 200 m über dem Meer und besitzt ein besonders angenehmes Klima. Der Blick auf **Cannes** und die **Îles de Lérins** ist einfach wunderbar. In der hübschen Altstadt führen Treppen und Gassen zu schattigen Plätzen. Ein Muss ist der Besuch der farbenfrohen **Chapelle St-Sauveur**, ein Zeichen der künstlerischen Vergangenheit des Ortes. In den 1920er Jahren ließ sich hier der Maler Pierre Bonnard nieder und malte in der Villa Le Bosquet über 300 Bilder. Seine Motive fand er vor allem in der Umgebung. Er ruht auf dem Friedhof Notre-Dame-des-Anges.

Bergdorf mit provenzalischem Charme: Mougins

Mougins ist ein hübsches altes Dorf in den Bergen hinter Cannes. Es hat wie Le Cannet über die Jahre immer wieder zahlreiche Künstler angelockt, die sich von seinem Charme inspirieren ließen. So kam Picasso von 1961 bis zu seinem Tod 1973 hierher – Porträts von ihm hängen im **Musée de la Photographie**. Weitere Künstler, die Mougins entzückte, waren z. B. Man Ray und Fernand Léger. Heute begeistert es v. a. Briten, die sich in der Umgebung einen Zweitwohnsitz zugelegt haben. Die typische provenzalische Atmosphäre, viele Galerien und gute Restaurants sind verständliche Ursache dafür.

Office du Tourisme
– 73, av. du Campon, 06110 Le Cannet
© 04 93 45 34 27, www.lecannet.com
– 15, av. Jean-Charles Mallet, 06250 Mougins
© 04 93 75 87 67, www.mougins-coteazur.org

Ein echter Hingucker: Der Chagall-Schüler Thé Tobiasse hat die alte Kapelle **St-Sauveur** in Le Cannet Ende der 1980er Jahre in kräftigen Farben ausgemalt (74, rue St-Sauveur, © 04 93 45 34 27).

Musée de la Photographie
Porte Sarrazine, Mougins
© 04 93 75 85 67
Juli–Sept. 10–20 Uhr, sonst Mo–Fr 10–18, Sa/So 11–18 Uhr, Nov. geschl.
Picasso, festgehalten auf vielen Fotos, sowie alte Fotoapparate.

Musée de L'Automobiliste
A 8, Aire des Bréguières sud ou nord, Mougins
© 04 93 69 27 80
www.musauto.fr.st
Juni–Sept. tägl. 10–18 Uhr, sonst 10–13 und 14–18 Uhr
Refugium für Autonarren, hier stehen Rennwagen, Rolls-Royce und andere PS-Träume. Man kann auch Oldtimer mit Fahrer mieten.

Im Februar feiert Le Cannet ein **Olivenfestival**. In Mougins gibt es ein **Orgelfest** im Oktober.

Îles de Lérins

Die beiden kleinen in der Bucht von Cannes gelegenen Inseln sind ein beliebtes Ausflugsziel und per Boot in zehn Minuten von Cannes aus zu erreichen. Das größere und bekanntere Eiland ist **Ste-Marguerite**, das kleinere heißt **St-Honorat**.

D7

Auf Ste-Marguerite wurde 1685 das **Fort-Royal** als berüchtigtes Staatsgefängnis eingerichtet. Es hatte einen sehr berühmten Insassen: den geheimnisvollen »Mann mit der eisernen Maske«. Allerdings ist bis heute ungeklärt, wer der Gefangene wirklich gewesen ist. Die Zelle, in der man ihn gefangen hielt, existiert noch. Besichtigt werden kann das **Musée de la Mer** mit seinen archäologischen

Lérina – der Kräuterlikör der Mönche
Bekannt in ganz Frankreich ist der *Lérina*, ein Kräuterlikör, dessen geheimnisvolles Rezept einzig die Mönche der Lérins-Inseln kennen. Für den Likör werden über 40 verschiedene Kräuter und Pflanzen eingelegt und destilliert, z. B. Geranie, Rose, Thymian, aber auch Rosmarin sowie Safran.

Funden vom Meeresgrund, das neben einer Jugendbegegnungsstätte im Fort untergebracht ist. Auf der Île Ste-Marguerite gibt es auch einen botanischen Lehrpfad, und die Insel präsentiert stolz viele Pinienwälder und Eukalyptusbäume. Sie ist daher bei Naturfreunden sehr beliebt, während ihre Schwesterinsel St-Honorat wegen der Klosteranlagen bei Kulturfans als Ausflugsziel vorne liegt. Die 410 vom hl. Honoratius gegründete Abtei war im 5. und 6. Jh. eine der christlichen Hochburgen. Nach Plünderungen und Zerstörung wurde sie 1869 wieder aufgebaut. Bis heute leben hier Zisterziensermönche; das Kloster kann besichtigt werden. Noch interessanter als die romanische Klosterkirche ist die am Strand aufragende Trutzburg der Mönche, **Monastère Fortifié de St-Honorat**.

Musée de la Mer
Fort Royal, Île Ste-Marguerite, ℂ 04 93 38 55 26
April/Mai Di–So 10.30–13.15 und 14.15–17.45, Juni–Sept. tägl. 10–17.45, sonst Di–So 10.30–13.15 und 14.15–16.45 Uhr

Grasse
Spätestens seit Patrick Süskinds Roman »Das Parfum« ist Grasse allgemein als »Stadt der Düfte« bekannt. Und so pilgern jedes Jahr zwei Millionen Besucher in die 40 000-Einwohner-Stadt mit der über 400-jährigen Dufttradition – ein Großteil, um sich mit edlen Düften einzudecken. Manch ein Parfümhersteller kreiert dem Interessierten auf Wunsch seinen ganz individuellen Duft. Wer nichts kauft, besucht zumindest das **Musée international de la Parfumerie**. Selbst wenn gar kein Interesse an den Duftwässern besteht, ist die recht große und reizvolle Altstadt mit

Ambra, Moschus, Myrrhe und Rose sind die Ingredienzen der Spitzenparfümeure bei »Fragonard« in Grasse

mehrstöckigen Bürgerhäusern, der Kathedrale und dem ehemaligen Bischofspalais ein lohnendes Ziel.

 Office du Tourisme
Palais de Congrès
22, cours Honoré Cresp, 06333 Grasse
℃ 04 93 36 66 66, www.ville-grasse.fr

Rosen aus Grasse

 **Musée international
de la Parfumerie**
8, place du cours, Grasse
℃ 04 97 05 58 00, Juni–Sept. 10–12.30 und 13.30–18.30 Uhr, Okt.–Mai 10–12.30 und 14–17.30 Uhr, Nov. geschl.
Reise durch die Geschichte und die Magie der Düfte.

 Bastide St-Antoine
Quartier St-Antoine, 48, av. Henri Dunant, Grasse
℃ 04 93 70 94 94
Feinschmecker-Bauernhof umgeben von Olivenbäumen. Gekocht wird auf allerhöchstem Niveau. In eleganten Zimmern kann auch übernachtet werden. €€€

 Café Arnaud
10, place de la Foux, Grasse
℃ 04 93 36 44 88, Sa mittags, So geschl.
Beliebte Adresse mit gemütlichem Gewölbe, mediterraner Küche und lockerer Bistro-Atmosphäre. €€

 Molinard
60, bd. Victor Hugo, Grasse
℃ 04 93 36 01 62, www.molinard.com
Seit 1849 geht man hier der Kunst der Parfümkreation nach.

 Fragonard
L'usine historique
20, bd. Fragonard, Grasse
℃ 04 93 36 44 65
Parfüm aus Grasse – was sonst?!

 Tag der Trüffel im Januar.
Im August findet das **Jasmin-Fest** statt.

Vallauris/Golfe-Juan

Der Name Vallauris im Hinterland von Cannes, inmitten grüner Hügellandschaft, ist untrennbar mit Pablo Picasso verbunden. Das Künstlergenie lebte nach dem Zweiten Weltkrieg im nahen **Golfe-Juan** und kam über ein befreundetes Ehepaar, das eine Töpferei besaß, mit dem traditionsreichen Töpferhandwerk in Vallauris in Kontakt. Daraufhin schuf er etliche Keramiken und Skulpturen. Auf den Spuren des großen Künstlers kann man über eine Art »Picasso-Pfad« durch den Ort wandeln. Bis heute gibt es viele Galerien, das Kunsthandwerk der Töpfer ist hier uralt. Aufgeblüht ist die Tonkunst allerdings erst im 16. Jh.

Auch Jean Marais zog es nach Vallauris. Der Schauspieler ließ sich nach seiner erfolgreichen Film- und Theaterkarriere 1980 hier nieder und widmete sich der Keramik und der Bildhauerei. Als Ehrenbürger der Stadt entwarf er jedes Jahr das Plakat für das Töpfereifest. Auf dem alten Friedhof fand er seine letzte Ruhestätte.

i **Office du Tourisme**
Square 8 mai 1945, 06220 Vallauris/Golfe-Juan
✆ 04 93 63 82 58, Fax 04 93 63 95 01
www.vallauris-golfe-juan.com
Das Infobüro organisiert kostenlose Besichtigungen von Töpferwerkstätten.

🏛 Musée de la Poterie
Rue Sicard, Vallauris
✆ 04 93 64 66 51, Mo–Sa
Lokale Töpfereien vom Ende des 19. Jh. bis zu den 1970er Jahren.

🏛 Musée Magnelli – Musée de la Céramique
Place de la Libération, Vallauris, ✆ 04 93 64 16 05
Das Renaissance-Schloss bewahrt eine Keramiksammlung von Picasso sowie abstrakte Bilder von Alberto Magnelli.

🏛 Musée National Picasso
Château de Vallauris, Place de la Libération
✆ 04 93 64 71 83, www.musee-picasso-vallauris.fr
Mitte Juni–Mitte Sept. 10–12.15 und 14–18 Uhr,
sonst bis 17 Uhr, Di geschl.

»L'Homme au Mouton« – »Der Mann mit dem Schaf« heißt die Picasso-Skulptur auf der Place Isnard in Vallauris

Picassos Riesengemälde »La Guerre et la Paix« (»Krieg und Frieden«) gehört zu den Schätzen in der alten romanischen Schlosskapelle.

 Gousse d'Ail
11, av. Grasse, Vallauris
℅ 04 93 64 10 71, So/Mo geschl.
Die »Knoblauchzehe« serviert gut schmeckende lokale Gerichte in provenzalischem Rahmen. Keramiken dürfen natürlich nicht fehlen. €–€€

 Nounou
Am Strand, Golfe-Juan
℅ 04 93 63 71 73
Mo, im Winter auch Di geschl.
Edles Fischrestaurant mit Blick auf die Wellen.
€€€

Der Leuchtturm in Golfe-Juan bei Vallauris

 Verrerie d'Art Bernard Aconito
69, av. Georges Clemenceau, Vallauris
Im Atelier der Glaswerkstatt kann man den Glasbläsern bei der Arbeit zuschauen, natürlich gibt es Zerbrechliches auch zu kaufen.

Espace Jean Marais
Le Fournas, Av. des Martyrs de la Résistance, Vallauris, ℅ 04 93 63 46 11, Di–Sa 9–12.30 und 14–17.30 Uhr
Bilder, Skulpturen, Fotos und Videos von und über Jean Marais.

Galerie Sassi-Milici
65 bis, av. Georges Clemenceau, Vallauris
In der Saison tägl.
Ausstellungsforum internationaler Kunstmaler.

Jeden ersten Sonntag im März wird der Ankunft Napoléons mit dem Schiff gedacht. Am Strand wird das Ereignis nachgestellt.

Juan-les-Pins

Ein beliebter und im angenehmen Sinne belebter Badeort, der mit dem benachbarten Antibes zusammengewachsen ist. Zwischen den beiden Orten schiebt sich das landschaftlich wunderschöne **Cap d'Antibes** ins Meer. Juan-les-Pins zieht mit seinem lang gestreckten Strand, den schicken Strandclubs, flotten Shops und Boutiquen, dem Casino und vielen Restaurants und Bars ein vornehmlich jüngeres Publikum an. Man amüsiert sich hier gerne. Schließlich ist der Ort für sein lebendiges Nachtleben und für ein Top-Musikevent bekannt: Seit 1952 findet das **Jazzfestival** statt, bei dem schon etliche Weltstars wie Duke Ellington oder Charlie Parker aufgetreten sind.

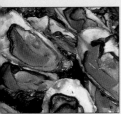

Office de Tourisme
51, bd. Guillaumont
06160 Juan-les-Pins
© 04 97 23 11 10, www.antibes-juanlespins.com
Jan.–Juni, Sept.–Dez. Mo–Fr 9–12 und 14–18,
Sa 9–12 Uhr, Juli/Aug. tägl. 9–19 Uhr

Frische Austern

Dragon Rouge
5, bd. Charles Guilaumont, Juan-les-Pins
© 04 92 93 16 19
Ordentliches und preisgünstiges asiatisches Fast-Food-Restaurant mit großer Auswahl am Ende der Strandpromenade. €

La Bodega
Rue Dautheville (Fußgängerzone), Juan-les-Pins
© 04 93 61 07 52
Bodenständiger Italiener mit schönen Sitzplätzen draußen, ordentlicher Pizza, gutem offenem Wein und guten Muscheln in verschiedenen Varianten. €–€€

Terrasse Christian Morisset
La Pinède, Av. G. Galice, Juan-les-Pins
© 04 93 61 20 37
Mitte Nov.–Mitte Dez. und Sept.–Juni Di und Mi geschl. Sehr kreative Küche auf einer schönen Terrasse unter Palmen, die dem Guide Michelin zwei Sterne wert ist. €€€

Eden Casino
Bd. E. Baudoin, Juan-les-Pins
© 04 92 93 71 71
Im Casino von Juan-les-Pins kann man nicht nur beim Roulette und Black Jack oder an 180 Spielautomaten sein Glück versuchen und beim Tanztee das Tanzbein schwingen, sondern auch im **Le Grill** gut essen. Im Sommer abends Live-Musik auf der Terrasse. €€

Le Milk
Av. G. Galice, Juan-les-Pins
© 04 93 67 22
Juli/Aug. tägl. 0–5.30 Uhr, sonst Fr/Sa
Eintritt inkl. Drink € 16
Angesagter Tanzschuppen für korrekt gekleidete Nachtschwärmer.

Le New Orleans
15, bd. Baudoin, Juan-les-Pins
© 04 92 93 57 57
Nicht ganz billige Jazzbar im Le Méridien Garden Beach Hotel.

Musikfreunde werden in Juan-les-Pins Spaß haben: im April beim **New-Orleans-Jazz-Les-Pins-Festival** und im Juni beim **Internationalen Jazzfestival**.

Antibes

Antibes, drittgrößte Stadt an der Côte d'Azur, wurde um 400 v. Chr. von griechischen Seefahrern und Händlern in einer windgeschützten Bucht gegründet, um auf dem Weg von Korsika nach Marseille über eine Zwischenstation zu verfügen. Die Griechen nannten den Hafen *Antipolis* (die Gegenüberliegende), gemeint war damit gegenüber von Korsika. Die Römer bauten Antibes weiter aus und im Mittelalter wurde die von den Grimaldis beherrschte Stadt stark befestigt.

Heute ist Antibes eine großflächige, moderne und verkehrsreiche City zwischen Nizza und Cannes, im Zentrum der Französischen Riviera und mit 20 km Küstenlinie. Die **Altstadt** bietet noch viel alte Bausubstanz und ist von Stadtmauern umgeben. In den netten Nebengassen abseits des Rummels gibt es noch urige Restaurants, typische Bistrots und witzige Läden zu entdecken.

Am malerischen **Cap d'Antibes** reiht sich eine Villa an die nächste, und im Badeort **Juan-les-Pins** treffen sich Sonnenhungrige bereits seit den 1920er Jahren. Schon die großen Parkplätze am Hafen zeigen dem Anreisenden, dass sich die Altstadt während der Saison auf Besuchermassen einstellt. Antibes besitzt, trotz des Andrangs, viel Charme, besonders abends, wenn es wesentlich ruhiger wird. Tagsüber finden Erholungssuchende an den verschiedenen Stränden immer noch ein freies Plätzchen. Einen Besuch wert, selbst für Kunstmuffel, ist das **Picasso Museum**, sicherlich eines der schönsten Museen an der Küste. Nicht umsonst gilt Antibes als Hochburg der bildenden Künste und nennt eine ansehnliche Zahl von Kunstschätzen sein eigen, so haben u. a. Picasso, Miró und Peynet der Stadt Werke vermacht.

Antibes: Die dicken Mauern zeugen von der einstigen strategischen Bedeutung der Stadt

Office de Tourisme
11, place du Général de Gaulle, 06600 Antibes
℡ 04 97 23 11 11, www.antibes-juanlespins.com
Mo–Fr 9–12.30 und 13.30–18, Sa 9–12 und 14–18 Uhr,
Juli/Aug. tägl. 9–19 Uhr

Cathédrale N.-D. de l'Immaculée Conception
Rue de la Paroisse, Antibes
Neben dem Picasso Museum steht auf den Fundamenten
eines griechischen Tempels die teils romanisch, teils barocke Kathedrale.

Fort Carré
Av. du 11 Novembre, Antibes
℡ 06 14 89 17 45, Mitte Juni–Mitte Sept. Di–So 10–17.30
Uhr, sonst bis 16 Uhr, Juni–Sept. nur mit Führung (1/2 Std.)
Einst war die Verteidigungsanlage nur ein auf den Mau-
ern einer Kapelle erbauter Turm. Unter dem Baumeister
Vauban wurde sie zur Festung ausgebaut. Heute steht sie
unter Denkmalschutz.

Eine Million Besucher zieht das **Marineland** jährlich an. Diese lassen sich von Delphin- und Seelö-
wenshows unterhalten oder betrachten große
und kleine Meeresbewohner in riesigen Aquarien.
Im maritimen Freizeit- und Erlebnispark findet sich
auch das **Musée de la Marine**, das die größte Mee-
resprivatsammlung Europas sein eigen nennt. Eine Attraktion für die ganze Familie (RN 7, ℡ 04 93 33 49 49, www.
marineland.fr, in der Saison tägl. ab 10 Uhr).

Musée d'Archéologie
Av. Maizière, Antibes
℡ 04 93 34 00 39
Di–So 10–12 und 14–18 Uhr, Juli/Aug. Mi–Fr bis 20 Uhr
Im Tonnengewölbe der Bastion St-André dokumentieren
archäologische Funde die griechische und römische Vergangenheit.

Musée de la carte postale
4, av. Tournelli, Antibes
℡ 04 93 34 24 88, Di–So 14–18 Uhr
Tausende von Postkarten aus aller
Herren Länder.

Claude Monet: »Antibes« (1888)

Musée de la Tour
1, rue de L'Orme, Antibes
℡ 04 93 34 13 58, Mi, Fr–So 14–18 Uhr
Im mittelalterlichen Turm werden
Kostüme, Möbel und mehr aus dem
18. und 19. Jh. aufbewahrt.

Musée Napoléonien
Batterie du Graillon

Straßencafé in der malerischen Altstadt von Antibes

Bd. J. F. Kennedy, Antibes
℡ 04 93 61 45 32, Mitte Juni–Mitte Sept. Di–Sa 10–18 Uhr,
sonst bis 16.30 Uhr
Die Tour Stella inmitten eines Parks birgt die wunderbaren
Ausstellungsräume des Museums, das Schiffsmodelle und
persönliche Erinnerungsstücke Napoléons hütet.

 Musée Peynet et du Dessin humoristique
Place Nationale, Antibes
℡ 04 92 90 54 30
Di–So 10–12 und 14–18 Uhr, Juli/Aug. Mi, Fr bis 20 Uhr
Über 300 Zeichnungen des bekannten französischen
Zeichners Raimond Peynet.

Musée Picasso
Château Grimaldi, Place Mariéjol, Antibes
℡ 04 92 90 54 20, Mitte Juni–Mitte Sept. tägl. 10–18, Juli/
Aug. Mi, Fr bis 20 Uhr, sonst tägl. 10–12 und 14–18 Uhr
Der alte, schön herausgeputzte Wohnsitz der Grimaldis
beherbergt heute das Picasso Museum. 1946 ließ sich das
Maler-Genie hier nieder, zahlreiche seiner im Schloss ent-
standenen Werke überließ er später dem Museum. Außerdem zu sehen: Werke von Nicolas de Staël, Hans Har-
tung und anderen zeitgenössischen Künstlern.

Da Cito
Marché Provençal, 23, cours Masséna, Antibes
℡ 04 93 34 70 04, tägl.
Mitten in der Altstadt, in der provenzalischen Markthalle
gelegenes italienisches Restaurant, das auf Muscheln und
Pizza spezialisiert ist und bei Einheimischen wie Touristen
gleichermaßen gut ankommt. €

Le Broc en Bouche
8, rue des Palmiers, Antibes, ℡ 04 93 34 75 60

Gemütliches, besonders von Einheimischen geschätztes Feinschmecker-Bistrot und Weinbar. Sehr typisch, sehr französisch. €€–€€€

Le Vauban

`dB3`

7 bis, rue Thuret, Antibes

© 04 93 34 33 05

Feines, stilvolles Restaurant mit gehobener provenzalischer Küche. €€

L'Oursin

`dB2`

16, rue de la République

Antibes, © 04 93 34 13 46, So/Mo geschl.

Leckere Meeresfrüchte in lockerer Atmosphäre. €€

Oscar's

8, rue Rostan, Antibes

© 04 93 34 90 14, So/Mo geschl.

Originell mit Skulpturen und »altertümlichen« Landschaftsmalereien dekoriertes Lokal, gute italienisch-französische Küche. €€–€€€

Le Tequila Pub

14, rue Aubernon, Antibes, © 04 93 34 08 12

Stets gut besuchter Pub in der Altstadt. Dazu gehört auch das **Tequila Snack**. €

Outback

11, av. du 11 Novembre, Antibes, © 04 93 95 24 00

Flotte australische Pub-Bar mit täglicher Happy Hour von 18 bis 22 Uhr.

Balade en Provence/Absinthbar

Marché Provençal, 25, cours Masséna, Antibes

©/Fax 04 93 34 93 00, in der Saison bis 23 Uhr

Nicht nur, dass der im Arkadengang des überdachten Marktes gelegene Shop Delikatessen, Olivenöl und Porzellan – einige Produkte sind Handarbeit – feilbietet. Um die Ecke ist man auch gleich in einer urigen Keller-Absinthbar (1, rue Sade, ab 18 Uhr).

Charcuterie Lorraine

12, rue Sade, Antibes, © 04 93 34 16 21

Üppig bestückter Feinkostladen. Ob Tarte, Salat oder Pâté – alles hausgemacht.

L'Etable

Marché Provençal, 1, rue Sade, Antibes

© 04 93 34 51 42

Wunderbares Käsegeschäft mit rund 150 Sorten, zum Wochenende auch frische Nudeln.

Livingstone

11, rue Georges Clemenceau, Antibes

✆ 04 93 34 04 59
Kleine Skulpturen und viel Afrikanisches.

 Provenzalischer Markt auf dem Cours Masséna: im Juli/Aug. jeden Morgen, sonst tägl. außer Di.

Die Weinmesse **Bacchus Vin et gastronomie** findet im März statt. Im Juli treffen sich die Segler. Jazzfestivals s. Juan-les-Pins.

Biot

Durch seine Töpferarbeiten hat sich das Handwerkszentrum hoch über den Ufern der Brague einen Namen gemacht. Berühmt sind die *Jarres*, Riesentöpfe zur Aufbewahrung von Olivenöl, die auch heute noch von so manchem Töpfer hergestellt werden. Zudem ist der Ort reich an Glaswerkstätten. Der Maler Fernand Léger wird mit einem eigenen Museum geehrt.

i **Office du Tourisme**
46, rue St-Sébastien, 06410 Biot
✆ 04 93 65 78 00, www.biot.fr

Ecomusée du Verre/Verrerie de Biot
Chemin des Combes, Biot, ✆ 04 93 65 03 00

 Im Museum steht die Geschichte der Glasbläserei im Mittelpunkt. Außerdem haben hier mit der Verrerie de Biot auch die Galerie Internationale du Verre, die verschiedene internationale Glaskünstler präsentiert, und die Galerie Jean-Claude Novaro, die Arbeiten ihres Namengebers zeigt, ihren Sitz.

Musée d'Histoire et des Céramiques Biotoises
9, rue St-Sébastien, Biot
✆ 04 93 65 54 54
Sommer Mi–So 10–18 Uhr, Winter Mi–So 14–18 Uhr
Neben der 2000-jährigen Ortsgeschichte wird auch Keramik aus Biot gezeigt.

Musée National Fernand Léger
Chemin du Val de Pome, Biot
✆ 04 92 91 50 30, www.musee-fernandleger.fr
Mi–Mo 10–18 Uhr
Mehrere hundert Werke des Malers, darunter Zeichnungen, Ölbilder und Mosaiken. Léger legte zudem einen Skulpturengarten an. Das Museum wird auch »Kathedrale der modernen Kunst« genannt.

 Bonsaï Aboretum de la Côte d'Azur
229, chemin du Val de Pome, Biot
Tägl. außer Di
Ein großer Garten – 2000 m^2 – mit kleinen Bewohnern: Bonsais aus der ganzen Welt.

La Poterie Provençale
1689, route de la Mer, Biot, © 04 93 65 63 30
Nach Terminvereinbarung kann man die Werkstätten besichtigen.

L'Atelier des traditions
2, chemin neuf, Biot
Töpferwerkstatt, die man besichtigen kann.

Ausflugsziel:

Über die landschaftlich reizvolle Landstraße D 4 geht es von Biot nach **Valbonne**. Mittelpunkt des schmucken restaurierten Dorfes ist der schöne Marktplatz mit Arkaden aus dem 16. Jh. Einen Blick lohnt die frühere Abteikirche eines im 5. Jh. gegründeten Klosters, der ehemaligen Keimzelle des Dorfes. Genießer finden einige sehr gute Restaurants in und um Valbonne.

Office du Tourisme
1, place de l'Hôtel de Ville, 06560 Valbonne
© 04 93 12 34 50, www.tourisme-valbonne.com

Musée de la Céramique et de la Barbotine
14, rue Grande, Valbonne, © 04 93 42 02 15
Mi–Sa nachmittags sowie jeden ersten So im Monat
Kitschige Keramik sowie die Werke berühmter Keramikkünstler.

Auberge Fleurie
Route Cannes, Valbonne
© 04 93 12 02 80, Mo/Di geschl.
Provenzalisch eingerichtetes Restaurant mit blühendem Garten und üppigen Menüs. €€–€€€

Lou Cigalon
4, bd. Cannot, Valbonne, © 04 93 12 27 07
Marktfrische Sterne-Küche mit mediterranem Einschlag.
€€€

Valbonne besitzt einen schönen **Golfplatz**.

Cagnes-sur-Mer

Die geschäftige Kleinstadt mit rund 30 000 Einwohnern setzt sich aus einem modernen Seebad und dem pittoresken mittelalterlichen Dorf auf einem Felskegel zusammen. Die gesamte, noch urtümliche **Altstadt** mit steilen Straßen, kleinen, blumengeschmückten Plätzen und erkerbestückten Häusern ist sehenswert und stammt größtenteils aus dem 12. bis 14. Jh., so auch das von den Fürsten von Monaco zunächst als Burg erbaute und später zum Schloss erweiterte **Château** hoch über dem oberen Dorf. Dem weltberühmten Maler Renoir muss es gut gefallen haben, denn er lebte eine ganze Zeit lang hier. Er war fasziniert von den intensiven Farben und ließ sich von dem Ort künstlerisch inspirieren. Sein Haus ist heute Museum und zeigt Skulpturen und einige Bilder.

 Office du Tourisme
6, bd. Maréchal Juin
06800 Cagnes-sur-Mer
℅ 04 93 20 61 64
www.cagnes-tourisme.com
Mo–Sa 9–12 und 14–19, Winter bis 18 Uhr, Juli/Aug. 9–19, So 9–12 und 15–19 Uhr

Pierre Auguste Renoirs Gemälde »Terrasse in Cagnes« entstand 1905

 Chapelle Notre-Dame-de-Protection
Cagnes-sur-Mer
Sehenswert sind in der Kirche die Fresken, die Andrea de Cella 1525 gemalt haben soll.

Château-Musée Grimaldi
Eingang Place Grimaldi, Haut-de-Cagnes
℅ 04 92 02 47 30
Tägl. außer Di 10–12 und 14–18 Uhr
Das ursprüngliche mittelalterliche Fort wurde später ein barocker Herrensitz. Heute befinden sich ein Olivenöl-Völkerkundemuseum und ein mediterranes Kunstmuseum in dem Gemäuer.

 Musée Renoir
Le Domaine des Collettes
19, chemin des Collettes, Cagnes-sur-Mer
℅ 04 93 20 61 07
Tägl. außer Di 10–12 und 14–18 Uhr
Die parkähnliche Domaine mit großem Olivenhain war der letzte Wohnsitz von Renoir. So wie er damals wohnte, sieht es heute noch aus. Man kann nicht nur Möbel und persönliche Gegenstände betrachten, sondern auch zwei Ateliers, ein knappes Dutzend seiner Werke und seine fast

Strandszene in Cagnes-sur-Mer

vollständige Skulpturensammlung. Sehenswert auch der Rosengarten von Renoirs Gattin.

Atelier Esty
12, rue du Dr. Michel Provençal, Cagnes-sur-Mer
✆ 04 92 13 20 90
Handgearbeitete zeitgenössische Schmuckunikate.

Atelier des Parfums – Funcréation
43, chemin des Presses, Cagnes-sur-Mer
✆ 04 93 22 69 01, www.atelier-des-parfums.com
Hier erfährt man, wie Parfüm hergestellt wird. Man kann es zum Fabrikpreis kaufen und sogar sein eigenes Parfüm kreieren (auf Anfrage).

Hippodrome Côte d'Azur
Cagnes-sur-Mer
✆ 04 92 02 44 44
Von Dezember bis März rennen die Pferde tagsüber um die Wette, im Juli und August abends um 20.30 Uhr.

Im März findet das **Olivenfestival** statt.

St-Paul-de-Vence

Das auf einem Felsvorsprung gelegene und von Befestigungsmauern umgebene St-Paul gehört zu den schönsten Orten im Hinterland der Cote d'Azur. Kein Wunder also, dass es schon immer Künstler wie Chagall, Braque oder Miró inspiriert hat. Daher hat die Kunst in St-Paul auch wie selbstverständlich ein Zuhause. Die **Fondation Maeght** gilt unter Kunstfreunden als absolut sehenswert. Sie ist das erste Privatmuseum Frankreichs mit einer der weltweit wichtigsten Sammlungen moderner Kunst und lockt jährlich über 250 000 Besucher an. Das mittelalterliche Bilderbuch-Szenario macht die Stadt zu einem beliebten Ausflugsziel. In der Rue Grande zwischen Porte Royal und Porte Sud sind noch herrliche Steinfassaden aus dem 16./17. Jh. zu bewundern. In den urigen Gassen haben sich zahlreiche Souvenirshops niedergelassen.

Pilgerstätte für Kunstinteressierte: die Fondation Maeght in St-Paul-de-Vence

Office du Tourisme
2, rue Grande
06570 St-Paul-de-Vence
✆ 04 93 32 86 95
Fax 04 93 32 60 27
www.saint-pauldevence.com

Fondation Maeght

Montée des Trious, St-Paul-de-Vence

✆ 04 93 32 81 63

www.fondation-maeght.com

Juli–Sept. 10–19 Uhr, Okt.–Juni 10–12.30 und 14.30–18 Uhr

Das Museum ist eine Pilgerstätte für Kunstinteressierte. Maler und Bildhauer wurden in die Architektur des Hauses, das sich der Kunst des 20. Jh. widmet, einbezogen. So gibt es Fenster von Braque, Skulpturen von Giacometti, ein Mosaik von Chagall. Im Park spaziert man an den Werken großer Namen der Kunstgeschichte vorbei. Oft lange Warteschlangen.

Verrerie d'Art Saint-Paul

309, route de Vence, St-Paul-de-Vence

Glasbläsermeister Monsieur Cinquilli demonstriert seine Kunst.

Vence

Vence ist ein nettes, lebendiges Städtchen in den Bergen, rund 30 km von der Küste entfernt. Um die mittelalterliche Stadt herum, die zwischen zwei Felsschluchten auf einem Felsvorsprung liegt, hat sich die Neustadt gebildet. Zu den Attraktionen zählen farbenprächtige Märkte, ein Labyrinth kleiner Gassen, lauschige Plätze, das **Château de Villeneuve** mit Ausstellungen moderner Kunst am Rand der autofreien Altstadt, der Turm einer mittelalterlichen Burg, eine Kathedrale mit schönem gotischem Chorgestühl und als Hauptattraktion die kleine, von Matisse ausgeschmückte **Chapelle du Rosaire**. Wie Henri Matisse haben hier in den 1920er Jahren viele Künstler gelebt.

Farbenfrohe Angebote in Vence

Office de Tourisme
Place du Grand Jardin, 06140 Vence
℡ 04 93 58 06 38, www.ville-vence.fr

Centre d'Art VAAS
Kunstzentrum, -akademie und Galerie für zeitgenössische Kunst mit sehenswertem Skulpturengarten.

Chapelle du Rosaire/Matisse
466, av. Henri Matisse, Vence
℡ 04 93 58 03 26
Mo, Mi, Sa 14–17.30, Di, Do 10–11.30 und 14–17.30 Uhr
Eigentlich heißt sie *Chapelle du Rosaire*, aber weil Matisse hier am Werk war – er entwarf und dekorierte sie – trägt die Kapelle auch seinen Namen.

Château de Villeneuve, Fondation Emile Hughes
2, Place du Frêne, Vence
℡ 04 93 58 15 78
www.museedevence.com
Di–So 10–12.30 und 14–18 Uhr
Prächtiges architektonisches Ensemble aus dem 17. Jh. inmitten der Altstadt, das den Rahmen für zeitgenössische Ausstellungen bildet.

Galerie Beaubourg
Château Notre-Dame-des-Fleurs, Vence
℡ 04 93 24 52 00
März–Juni, Okt.–Dez. Di–Sa nachmittags, Juli/Aug. tägl., Sept. Di–So
Die im Grünen gelegene Galerie versammelt große zeitgenössische Künstler, u. a. Warhol und Niki de Saint-Phalle. Den Garten schmücken Skulpturen.

Chez Jordi
8, rue de l'Hôtel de Ville, Vence
℡ 04 93 59 83 45, So/Mo geschl.
Schlicht eingerichtetes Lokal mit bodenständiger, regional-saisonaler Küche. €–€€

Jacques Maximin
689, chemin de la Gaude, Vence
℡ 04 93 58 90 75
Juli/Aug. außer So nur abends, sonst Mo/Di geschl.
Hoch dekoriertes Gourmetrestaurant im Grünen. €€€

Vitré'Art Annick Lefevre
395, chemin Ste-Colombe, Vence
℡ 04 93 24 09 58
Glasmalereien und Spiegelkreationen.

Mit **Les Nuits du Sud** steht im Juli und August ein lateinamerikanisches Musikfestival auf dem Programm. **Knoblauch- und Aiolifest** im Juni.

Villeneuve-Loubet

Der Ort am Fuß eines mittelalterlichen **Château** samt herrlichem mediterran-exotischem Park versprüht provenzalischen Charme. Durch blumengeschmückte Straßen spaziert man zu dem einzigartigen kulinarischen Museum, dem **Musée Escoffier de l'Art Culinaire**. Am Meer stehen die auffälligen wellenförmigen Terrassen-Hochhäuser, die von weither an der Küste zu sehen sind.

Office du Tourisme
16, av. de la Mer, 06270 Villeneuve-Loubet
℘ 04 92 02 66 16, Fax 04 92 02 66 19
www.ot-villeneuveloubet.org

Musée Escoffier de l'Art Culinaire
3, rue Escoffier, Villeneuve-Loubet
℘ 04 93 20 80 51, www.fondation-escoffier.org
So–Fr 14–18 Uhr, im Sommer bis 19 Uhr, Mi, Fr auch 10–12 Uhr, Nov. geschl.
Dem Erfinder des »Pfirsich Melba« ist Frankreichs einziges kulinarisches Museum gewidmet. Auguste Escoffier (1846–1935) prägte die Küche. In seinem Geburtshaus dreht sich alles um Koch und Kochkunst.

Im August wird mit den **Fêtes Gourmandes** ein kulinarisches Fest gefeiert.

Nizza

Nizza ist unbestritten die Metropole der Côte d'Azur, die unangefochtene Nummer eins, trotz der immer währenden Konkurrenz mit der Filmstadt Cannes. Fast 400 000 Einwohner hat die Hauptstadt des Départements Alpes-Maritimes und ist der wichtigste Wirtschafts- und Indus-

Blick über Nizza, die »Hauptstadt« der Côte d'Azur

triestandort inzwischen. Nach wie vor zieht die Stadt, deren Aufstieg einst damit begann, dass Queen Victoria sie zu ihrem bevorzugten Winterquartier erklärte, die Touristenmassen an. Und das nicht nur zur Hochsaison oder zum Karneval, sondern rund ums Jahr. Die Stadt hat einiges zu bieten, sei es während einer Tour entlang der Küste oder auch nur für einen Kurztrip. So besitzt Nizza nach Paris die meisten Museen in Frankreich, kann mit 32 historischen Denkmälern, 300 ha Parks, Gärten und Wäldern aufwarten. Ergänzt wird die imposante kulturelle Palette von der prähistorischen Stätte der **Terra Amata**, von Barockreichtum, Belle-Époque-Architektur und zeitgenössischen Skulpturen in der ganzen Stadt.

östl.
cD6

Hauptanziehungspunkte sind die Altstadt **Vieux Nice** und die kilometerlange Promenade des Anglais. Die Straßen der Altstadt bevölkern Einheimische wie Touristen gleichermaßen, wird doch neben dem touristischen Standard im Labyrinth der Gassen auch viel Flair geboten, z. B. in der Rue de la Boucherie mit ihren kleinen Läden. Dort kann man sich *Tapenade*, die leckere Olivenpaste, direkt aus dem Bottich abfüllen lassen. Das Herz der Altstadt ist jedoch der **Cours Saleya**. Hier trifft man sich in den Restaurants oder auf dem täglichen Markt. Der **Marché aux Fleurs** ist, auch wenn man es nicht mehr hören kann, einfach wunderbar. Nicht unbedingt wegen der Blumen, es gibt auch Gemüse- und andere Lebensmittelstände sowie feste Stände mit richtigen Käsereien und Fischlokale. Am Cours Saleya sind an sonnigen Vormittagen kaum mehr freie Plätze in den Cafés zu finden. Sehenswürdigkeiten in der Altstadt sind vor allem das barocke Wunder, die **Chapelle de la Miséricorde**, und die **Cathédrale Ste-Réparate**, an der über ein Jahrhundert gebaut wurde, an der schönen **Place Rossetti**. Eine andere berühmte Kirche liegt außerhalb der Altstadt: Die **russisch-orthodoxe Kathedrale St-Nicolas** ist das größte russische sakrale Gebäude außerhalb Russlands.

cE4

cD/E5

cD4

cB1

Die Altstadt ist nicht, wie zu vermuten wäre, das älteste Viertel Nizzas. Das ist **Cimiez**, heute eine Ausgrabungsstätte, einst von Römern bevölkert. Cimiez bietet ebenfalls schöne Belle-Époque-Bauten, einen hübschen Klostergarten und eine tolle Aussicht über die Stadt. Abends zeigt sich Cimiez von seiner romantischen Seite.

nördl.
cA4

In Nizza muss man auf dem **Schlossberg** mit seinen wenigen Überresten des einstigen Château gewesen sein. Der Blick über das Altstadtgewirr, auf die Promenade und auf der anderen Seite bis zum Hafen ist einzigartig.

cD/cE
5/6

cE1–3

Prachtvolle Villen und Luxushotels säumen die Bummelmeile Nizzas, die **Promenade des Anglais**. Die Strandstraße, allerdings mit mehrspurigem Autoverkehr, wurde tatsächlich nach den Engländern benannt. Angelegt wurde sie vor rund 180 Jahren, damals allerdings als 2 m breiter Wanderpfad. Die Briten waren die ersten Touristen hier, ein schottischer Arzt gilt als Entdecker Nizzas. Queen Victoria weilte bereits Ende des 19. Jh. im Hotel West End,

Das »Negresco« an der Strandpromenade, eines der letzten Grandhotels, steht für den Glanz der Belle Époque in Nizza

dem ersten Nobelhotel an der Promenade. Erst war die britische Elite hier, dann kam ab Anfang des 20. Jh. fast der gesamte europäische Hochadel. Im Gegensatz zu damals kommt die Prominenz heute gerne im Frühling, so jedenfalls sollen es Catherine Deneuve und José Carreras halten. Sie wohnen immer noch gern im **Negresco**, Nizzas Aushängeschild. Der Belle-Époque-Palast steht unter Denkmalschutz, im Parterre stehen und schweben zeitgenössische Kunstwerke, und die Glaskuppel im Salon Royal stammt von Gustave Eiffel.

Immer kamen auch die Künstler: Allen voran Henri Matisse, aber auch Guy de Maupassant, Nietzsche, Renoir, Picasso, Chagall, Berlioz, Offenbach. Der Maler Yves Klein wurde 1928 in Nizza geboren. Kunstfreunde müssen unbedingt am **Musée d'Art Moderne et d'Art Contemporain (MAMAC)** vorbeischauen. Schon allein die interessante Architektur des Gebäudes aus weißem Marmor ist den Abstecher zur Promenade des Arts wert, die Ausstellungen allemal. Die vor dem Museum platzierte überdimensionale Skulptur aus Aluminium, »Karton-Kopf« genannt, ist bei den Einheimischen höchst umstritten. Im Inneren befinden sich auf vier Etagen Teile der Museumsbibliothek. Bei der Plastik soll es sich um die weltweit einzige »bewohnte« Skulptur handeln.

ℹ️ Office du Tourisme
5, promenade des Anglais, 06000 Nizza
☎ 04 92 70 74 07, www.nicetourisme.com
Mo–Sa 8–20, So 9–19 Uhr, Nebensaison Mo–Sa 9–18 Uhr

👁 Train touristique/Touristenbahn
Nizza, ☎ 06 16 39 53 51
April/Mai, Sept. 10–18 Uhr, Juni–Aug. bis 19 Uhr, Okt.–März bis 17 Uhr (außer Mitte Nov.–Mitte Dez., Anfang–Mitte Jan.), Abfahrt halbstündlich gegenüber dem Jardin Albert 1er auf der Straße am Meer, € 6

Blumenmarkt, Altstadt und Schlossberg werden in 40 Minuten abgefahren.

Cathédrale orthodoxe russe St-Nicolas
Av. Nicolas II, Nizza

℡ 04 93 96 88 02

Etwas fernab vom Schuss, aber dennoch ein beliebtes Ziel ist die russisch-orthodoxe Kirche. Sechs Zwiebeltürme krönen das 1912 geweihte russische Gotteshaus aus rosa Backstein, grauem Marmor und leuchtenden Keramiken.

Cathédrale Ste-Réparate
Place Rossetti, Nizza

Von 1650 bis 1757 währte der Bau der Kathedrale. Sie gehört zu den Highlights barocker Kunst in Nizza.

Chapelle de la Miséricorde
Cours Saleya, Nizza

Im alten Nizza liegt die Kapelle der schwarzen Büßermönche. Sie gilt als barockes Meisterwerk.

Église de l'Annonciation
Rue de la Poissonnerie, Nizza

Die auch als Ste-Rita bekannte Kirche ist eines der ältesten Gotteshäuser in Nizza. Im 17. Jh. wurde das Bauwerk in der Altstadt völlig umgestaltet, dank jüngster Restaurierung zeigt es sich wieder in seiner ganzen barocken Pracht.

Franziskanerkloster von Cimiez
Place du Monastère du Cimiez, Nizza

Das Kloster mit sehr schöner Kirche stammt aus dem 16. Jh. Auf dem Friedhof liegt Matisse begraben. Zum Kloster gehören auch ein Museum und der älteste Garten der Côte d'Azur, die Mönche bauen hier auch Gemüse an.

Place Garibaldi
Denkmalgeschütztes Beispiel bürgerlicher Barock-Architektur zwischen Nizzas Altstadt und Hafenviertel. Angelegt wurde der Platz als Place Royal Ende des 18. Jh.

 Seit Juli 2008 ist der Eintritt in die städtischen Museen Nizzas generell frei.

Atelier Soardi
8, rue Désiré Niel, Nizza

www.soardi.com

Von 1930 bis 1933 hat Matisse hier gearbeitet, in dem Atelier entstanden drei Versionen von »La Danse«. Heute ist es eine Galerie für zeitgenössische Kunst.

Musée d'Art Moderne et d'Art Contemporain (MAMAC)

Promenade des Arts, Nizza
℡ 04 93 62 61 62
www.mamac-nice.org
Di–So 10–18 Uhr
Spannendes Museum für zeitgenössische Kunst der 1960er Jahre bis heute. Man begegnet in dem modernen Bau aus weißem Marmor u. a. Werken von Roy Lichtenstein, Robert Rauschenberg, Andy Warhol, Niki de Saint-Phalle und Yves Klein. Kleins Werke sind übrigens auch im *Jardin d'Eden* auf der Museumsterrasse zu finden.

Nizza: Musée d'Art Moderne et d'Art Contemporain

 Musée des Beaux-Arts
33, av. des Baumettes, Nizza
℡ 04 92 15 28 28
www.musee-beaux-arts-nice.org, Di–So 10–18 Uhr

Der ehemalige Adelssitz beherbergt heute eine umfangreiche Gemälde- und Skulpturensammlung des 15. bis 20. Jh.

Musée International d'Art Naïf Anatole Jakovsky
Château Ste-Hélène, av. de Fabron, Nizza
℡ 04 93 71 78 33, tägl. außer Di 10–18 Uhr
Über 1000 Werke naiver Kunst vom 18. bis 20. Jh.

Musée du Palais Lascaris
15, rue Droite, Nizza
℡ 04 93 62 72 40, tägl. außer Di 10–18 Uhr, Eintritt frei
Das Stadtpalais ist eines der wichtigsten und sehenswertesten Nizzas. Das rekonstruierte prunkvolle Innere, darunter das großzügige Treppenhaus und Empfangssäle, kann man beim Museumsbesuch bewundern.

Musée et site archéologiques de Nice-Cimiez
160, av. des Arènes de Cimiez, Nizza
℡ 04 93 81 59 57, tägl. außer Di 10–18 Uhr
Reste der Thermen und des Baptisteriums gehören zu den Funden der antiken Römerstadt *Cemelenum*. Neben antiken Steinen gibt es ein archäologisches Museum.

Musée Matisse
164, av. des Arènes de Cimiez, Nizza
℡ 04 93 81 08 08, www.musee-matisse-nice.org
Tägl. außer Di 10–18 Uhr

»Als ich verstanden hatte, dass ich dieses Licht jeden Morgen wieder sehen würde, konnte ich mein Glück nicht fassen«, sagte Matisse 1917. Das war der Anfang einer 40-jährigen Freundschaft zwischen dem Maler und der Côte d'Azur. In einer Genueser Villa aus dem 17. Jh. im Park der Arenen von Cimiez werden die berühmtesten Gemälde, fast alle Skulpturen, Zeichnungen und Radierungen von Matisse gehütet.

cA3/4 **Musée National Message Biblique Marc Chagall**
Av. du Docteur Ménard, Nizza
℗ 04 93 53 87 20, www.musee-chagall.fr
Juli–Sept. Mi–So 10–18 Uhr, sonst bis 17 Uhr
Überblick über Chagalls Werk, darunter auch die 17 großen Bilder des Zyklus »Le Message Biblique«. Den Garten
ziert ein farbenfrohes Mosaik des Künstlers.

westl. cE1 **Musée des Arts Asiatiques**
405, promenade des Anglais, Nizza
℗ 04 92 29 37 00, www.arts-asiatiques.com
Tägl. außer Di Mai–Mitte Okt. 10–18 Uhr, sonst bis 17 Uhr
Schon allein der von Wasserbecken flankierte moderne
Museumsbau ist sehenswert. Drinnen widmet man sich
den asiatischen Kulturen, zum Begleitprogramm gehören
auch Teezeremonien.

östl. cD6 **Musée de paléontologie humaine de Terra Amata**
25, bd. Carnot, Nizza, ℗ 04 93 55 59 93
www.musee-terra-amata.org, Di–So 9–18 Uhr
An einer prähistorischen Stätte – ein Höhlensystem mit
400 000 Jahre alten Werkzeug- und Knochenfunden –
wurden ein Museum errichtet und eine alte Behausung re-
konstruiert.

nördl. cA1 **Villa Arson**
20, av. Stephen Liégeard, Nizza, ℗ 04 92 07 73 73
Tägl. außer Di Juli–Sept. 14–19 Uhr, sonst bis 18 Uhr
Villa der Kunst, die in ihren vielen Ausstellungen bekannte wie Nachwuchskünstler präsentiert.

cD4 **Espace Masséna**
Zwischen Nizzas Altstadt und Zentrum, hinter dem
Jardin Albert 1er, locken Wasserspiele und Blumenpracht.

cD3 **Jardin Albert 1er**
Ältester Park Nizzas, der mit anderem Grün eine
über 2 km lange Oase vom Meer bis zu den Hügeln bildet.

cD/E5

*Olivenöl
aus Nizza*

 Schlosspark
Nizza, April/Mai, Sept. 9–19 Uhr, Juni–Aug. 9–20 Uhr,
Okt.–März 10–17.30 Uhr
Schöner grüner und labyrinthartiger Park mit Wasserfall.

Bông-Lai
14, rue d'Alsace-Lorraine, Nizza, ℗ 04 93 88 75 36
Mit dem üblichen Asia-Dekor eingerichtet. Serviert wird
hauptsächlich Vietnamesisches. €€

cB3

Casbah
3, rue du Dr. Balestre, Nizza
℗ 04 93 85 58 81, So abends und Mo geschl.
Nordafrikanische Atmosphäre und leckere maghrebi-
nische Küche, z. B. authentisches Couscous. €–€€

cC3

Grand Café de Turin
5, place Garibaldi, Nizza
℅ 04 93 62 29 52

 cC5

Die Restauration an der ar-
kadengesäumten Place Ga-
ribaldi soll die besten Meeresfrüchte der Stadt servie-
ren. €€–€€€

Hi Food
3, av. des Fleurs, Nizza
℅ 04 97 07 26 26
Die *organic canteen* von
Alain Alexanian im Hi Hotel
serviert leckeres Gesundes
für € 6 pro Gang. Das coole
Design gibt's gratis. €

*Hier werden die besten Meeresfrüchte der
Stadt serviert: Grand Café de Turin in Nizza*

Le Bistrot du Vieux Nice
8, rue du Marché, Nizza
℅ 04 93 13 45 01, So geschl.

 cD4 cD1
Hi Food

Bezahlbare Adresse in der Altstadt mit mediterran-fran-
zösischer Küche und anständiger Weinauswahl. €–€€

Merenda
4, rue de la Terrasse, Nizza, Sa/So geschl.
In dem immer proppevollen Bistro kommen Spezialitäten
aus Nizza auf den Tisch. €€

 cD4

Olivieira
8 bis, rue du Collet, Nizza
℅ 04 93 13 06 45

 cD5

Eigentlich ein uriger Olivenhandel in der Altstadt,
aber auch ein authentisches Restaurant mit wenigen Tischen, an denen man die Olivenöle zu einer Kleinigkeit
von der Tageskarte testen kann. €

Zucca Magica
4 bis, quai Papacino, Nizza
℅ 04 93 56 25 27, So/Mo geschl.

 cD6

Vegetarisches italienisches Restaurant mit einem wech-
selndem Menü. €–€€

Panini and Web
25, promenade des Anglais, Nizza
℅ 04 93 88 72 75, tägl. 10–21 Uhr

 cE3

E-Mails checken und Panini essen. €

Le Cellar
6, rue Ste-Réparate, Nizza
℅ 04 93 62 10 20

 cD5

Schön eingerichtete Altstadt-Pub-Bar mit sehr großer Bierauswahl, Cocktails und Alkohol in Flaschen (z. B.
Whisky inkl. drei Karaffen Soda € 69), der gemeinsam

57

von maximal sechs Leuten konsumiert werden darf.

Der berühmte Blumen-
und Obstmarkt in Nizza
zählt zu den schönsten
Frankreichs

**Marché aux Fleurs/
Marché aux Fruits et aux Légumes**
Cours Saleya, Nizza
Blumenmarkt: Di, Do/Fr 6–17.30, Mi, Sa 6–
18.30 Uhr, So nur vormittags; Obst- und Gemüsemarkt: Di–So 6–13.30 Uhr
Der berühmte Blumen- sowie der Obst- und
Gemüsemarkt gehören zu den schönsten
des Landes.
Auf der Place St-François findet frühmorgens der **Fischmarkt** statt (Di–So 6–13 Uhr).

cE4

Blumen-
markt

Rue de France/Rue Masséna: Fußgängerzonen mit
Shops auf Normalniveau (mit Ausnahmen), teurer
auf der **Av. de Verdun**. Wer durch die **Boutiquen** internationaler Designer bummeln will, ist in der Rue Paradis, Rue
Alphonse-Karr und Rue de Longchamps richtig. In Nizza
gibt es über tausend **Antiquitätenhändler**, zu finden u. a.
in der Rue Ségurane und Rue Antoine-Gauthier.

cD5

Brûlerie des Cafés Indien
2 bis, rue Ste-Réparate
Filiale: 35, rue Pairolière, Nizza, ℭ 04 93 85 67 08
Lust auf Kaffee mit Vanille- oder Orangengeschmack? Seit
80 Jahren widmet man sich hier im alten Nizza den schwarzen Bohnen, es gibt die verschiedensten Sorten.

cD6

Confiserie du Vieux Nice
14, quai Papacino, Nizza
ℭ 04 93 55 43 50
www.confiserieflorian.com
Confiserie für kandierte Früchte, Pralinen und Bonbons.

cD4

L'Art Gourmand
21, rue du Marché, Nizza
Schöner und vor allem süßer Laden: Schokolade, Nougat,
Gebäck und noch viel mehr.

cD4

Maison Tosello
6, rue Ste-Réparate, Nizza
ℭ 04 93 85 61 95

Süße Verführung aus der
Chocolaterie: Nougat

Glücklich, wer Zimmer mit Kochnische hat,
denn der kann sich hier mit selbst gemachten Nudeln und Saucen eindecken.

Molinard
cE4
20, rue St-François-de-Paule, Nizza
ℭ 04 93 62 90 50, www.molinard.com
Die über 150 Jahre alte provenzalische Parfümerie betreibt in Nizza eine halbmuseale
Duftboutique.

Feste und Events in Nizza

Gefeiert wird in Nizza das ganze Jahr. Los geht es mit dem weltberühmten **Karneval**, mit dem der Winter verabschiedet wird. Im März gibt es das **Internationale Radrennen Paris–Nizza** mit Ankunft auf der Promenade des Anglais. Im Juni findet vielerorts die **Fête de la Musique** statt – wer nicht tanzt, lässt sich einfach im fröhlichen Geschehen treiben. Die Fischer treffen sich im Juni zu Ehren des hl. Petrus zum **Fest des Meeres** mit Prozession und Schiffsverbrennung. Das berühmte **Jazzfestival** (www.nicejazzfest.com) im Juli hat sich eine historische Kulisse ausgesucht, die Arenen und den Park von Cimiez. Der **Internationale Triathlon** steht im September auf dem Programm. Von Oktober bis April laden die Barockkirchen der Altstadt zum Festival **Vieux Nice Baroque en Musique**.

Terre è Provence
7, rue Masséna, Nizza, ℭ 04 93 16 93 45
Schöne französische Töpferwaren.

cD3

Péchés Gourmands
15, place St-François, Nizza
ℭ 04 93 62 94 66, www.peches-gourmands.fr
Süßwarenparadies in der Altstadt. Kekse, Nougat und wovon Leckermäuler sonst noch träumen.

cD5

Terres de Biot
19, rue du Marché, Nizza
ℭ 04 93 92 41 57
Schöne handgemachte Töpferarbeiten, die im Hinterzimmer bemalt werden.

cD4

Nicht zum Verzehr empfohlen: Meeresfrüchte-Fayence

Opéra de Nice
4–6, rue St-François-de-Paule, Nizza
ℭ 04 92 17 40 00, Fax 04 93 80 34 83, www.opera-nice.org
Neben der Oper in Monaco das andere große Haus an der Côte d'Azur für Konzerte, Ballett und Oper.

cE4

Théâtre de Nice/Centre National d'Art Dramatique
Promenade des Arts, Nizza
ℭ 04 93 13 90 90, Fax 04 93 13 79 60
Das Haus für Bühnen- und Schauspielkunst.

cC5

Der **Train des Pignes** fährt ab Gare du Sud (Av. Malaussena) in rund 4 Std. bis nach Digne.

Villefranche-sur-Mer

B8/9

Das Städtchen in der Nähe von Nizza wurde 1295 gegründet und zieht sich die Hügel bis zum Meer hinab. Vor allem der Fischerhafen besitzt viel Flair. Die verwinkelte Altstadt mit ihren farbigen Fassaden zeigt noch den Charakter eines Riviera-Fischerdorfs; dabei hat sie die Atmosphäre des 17. Jh. bewahrt. Hier sind viele Galerien und Restaurants ansässig. Die mittelalterliche **Rue Obscure** ist fast komplett überdacht und so dunkel, dass sie den ganzen Tag von Laternen beleuchtet werden muss. Die Bedeutung von Ville-franche als Kriegshafen wird heute noch an der mächti-gen, 1557 erbauten **Zitadelle** deutlich. In der restaurierten Anlage befinden sich das Rathaus, drei Museen und ein Kongresszentrum.

Beliebt ist Villefranche auch bei vielen Einheimischen, die dort gerne den Abend verbringen, um z. B. nett am lebhaften Hafen zu sitzen. Das natürliche Becken wurde ab 1388 von den savoyischen Herzögen erweitert. Schon Jean Cocteau und andere Künstler erlagen dem Charme des Ortes. Die kleine Hafenkapelle St-Pierre wurde von Cocteau gestaltet, der mehrere Sommer in dem damals als Treff der homosexuellen Szene bekannten Fischerdorf ver-brachte.

B8/9

Office du Tourisme
Jardins François Binon, 06230 Villefranche-sur-Mer
℘ 04 93 01 73 68, www.villefranche-sur-mer.com

Chapelle St-Pierre
1, quai Courbet, Port de Villefranche-sur-Mer
℘ 04 93 76 90 70, Mitte Dez.–Mitte Nov. Di–So
Das Innendekor der Kapelle stammt von Jean Cocteau, deshalb wird sie auch *Chapelle Cocteau* genannt.

Les Musées de la Citadelle
Villefranche-sur-Mer,
℘ 04 93 76 33 33, Fax 04 93 76 33 27, geführte Tou-ren auf Anfrage, Museen: Juni und Sept. 9–12 und 15–18 Uhr, Juli/Aug. 10–12 und 15–19 Uhr, Winteröff-nungszeiten erfragen, Nov., So nachmittags und Di geschl. Im 16. Jh. ließ der Herzog von Savoyen zum Schutz der Grafschaft Nizza Zitadelle, Hafen und zwei Außenforts an-legen. Sie waren Vorläufer einer neuen Bastion, in der heute neben dem Rathaus das **Musée Volti** (Arbeiten des Bildhauers Volti), das **Musée Goetz-Boumeester** (Werke

Viel Flair: Fischerhafen und die verwinkelte Altstadt von Villefranche-sur-Mer

von Christine Boumeester und Henri Goetz) und die **Sammlung Roux** (historische Keramikfiguren) untergebracht sind.

 Le Baleine Joyeuse
Port de la Darse, Villefranche-sur-Mer
✆ 06 22 28 09 57, tägl. 8–18 Uhr

Auf den ersten Blick wirkt das Restaurant wie ein Hafenimbiss, in dem die Franzosen ordentlich zu Mittag essen. Doch neben Sandwiches & Co. werden auch Pasta und solide Tagesgerichte serviert, die man mit Blick auf Hafen und Jachten verspeist. €

 The Coast
Place Wilson, Port de Villefranche-sur-Mer
✆ 04 93 01 74 09, Di–So 17–2 Uhr
Cocktailbar, Restaurant und Pub mit zwei großen Terrassen und Blick auf die Bucht. €€

Savonnerie Artisanale
10, av. Sadi Carnot, Villefranche-sur-Mer
✆ 04 93 76 66 75

Erst schaut man zu, wie Seifen hergestellt werden, dann deckt man sich damit ein.

Die echte »Savon de Marseille«

St-Jean-Cap-Ferrat

Der alte Fischerort, der sich zum Tummelplatz von Blaublütern, Künstlern und Schriftstellern entwickelt hat, ist gerade mal 100 Jahre alt. 1905 entstand er aufgrund der Abtrennung von Villefranche-sur-Mer. Prächtige Villen mit weitläufigen Gärten bestimmen das Bild auf der Halbinsel, auf der die prunkvollste Villa der »Blauen Küste« steht: die **Villa Ephrussi de Rothschild**, ein absolutes Besucher-Muss. Aber es finden sich auch schöne Strände, ein Zoo und auf dem Kap ein Leuchtturm von 1949, der eine 360-Grad-Panoramasicht ermöglicht und zu dem man hinspazieren kann (*Tour du Cap*-Schildern folgen). Diese Perle an der Französischen Riviera verspricht in jedem Falle angenehme Ferien.

C9

 Office du Tourisme
55, av. Denis Séméria, 06230 St-Jean-Cap-Ferrat
✆ 04 93 76 08 90, Fax 04 93 76 16 67
www.ville-saint-jean-cap-ferrat.fr

Villa & Jardins Ephrussi de Rothschild
St-Jean-Cap-Ferrat, ✆ 04 93 01 33 09

www.villa-ephrussi.com, Feb.–Anfang Nov. tägl. 10–18, Juli/Aug. bis 19 Uhr, Nov.–Jan. Sa/So 10–18, Mo–Fr 14–18 Uhr sind nur die Gärten und Teile der Villa geöffnet, Eintritt € 10, inkl. Villa Kérylos € 15

Erbauerin der prächtigen, auf einem Hügel gelegenen Villa mit ihren sieben Gärten ist Béatrice Ephrussi, geborene

Der alte Leucht-turm am Cap Ferrat

Baronin de Rothschild. Sie entdeckte Cap Ferrat 1905, als die Côte d'Azur zur beliebten Sommerfrische wurde. Sie erwarb das Grundstück an der engsten Stelle der Halbinsel und beauftragte bis zu 40 Architekten, die in sieben Jahren das an die Renaissance-Palazzi in Venedig oder Florenz erinnernde Haus errichteten. Aus der ganzen Welt ließ die leidenschaftliche Sammlerin Kunstwerke kommen. Nach dem Tod der Baronin 1934 wurde die Villa zum Museum umgewandelt.

Herrlich sind die Gärten! Vom französischen, in Form eines Schiffsdecks angelegten Garten mit Wasserspielen und der Kopie des Liebestempels des Trianons zweigen die anderen ab. So die Gärten im spanischen, florentinischen, japanischen, provenzalischen Stil, der Rosen- und Steinkunstgarten. Atemberaubend schön ist der Blick auf Meer und Küste und die **Villa Kérylos** (s. S. 63).

Musée des Coquillages
Am alten Hafen, St-Jean-Cap-Ferrat
✆ 04 93 76 17 61, www.musee-coquillages.com
Mo–Fr 9–12 und 14–18, Sa/So 14–18 Uhr
Die größte Mittelmeer-Muschelsammlung mit fast 1600 Exemplaren.

Capitaine Cook
11, av. J. Mermoz, St-Jean-Cap-Ferrat
✆ 04 93 76 02 66, Do mittags und Mi geschl.
Sehr beliebtes Restaurant mit ausgezeichneten Fischspezialitäten. €€

Zoo Cap Ferrat
Av. Général de Gaulle, St-Jean-Cap-Ferrat
✆ 04 93 76 07 60, www.zoocapferrat.com
Sommer 9.30–19 Uhr, Winter bis 17.30 Uhr
Über 300 Tiere leben in diesem Park.

Im Grand Hôtel auf dem Cap Ferrat treffen sich im März/April Musikfreunde zum **Musikfestival**.

Die Villa Ephrussi de Rothschild und ihre Gärten in St-Jean-Cap-Ferrat sind ein absolutes Besucher-Muss

Villa Kérylos in Beaulieu-sur-Mer

Beaulieu-sur-Mer

Der einstmals bei der High Society sehr beliebte Badeort versprüht immer noch ein bisschen Belle-Époque-Atmosphäre. Dazu tragen auch die beiden prächtigen Grandhotels bei. Wer genug hat von Jachthafen, Casino und palmengesäumten Stränden sollte keinesfalls eine Besichtigung der **Villa Kérylos** versäumen.

ℹ️ Office du Tourisme
Place Georges Clemenceau, 06310 Beaulieu-sur-Mer
✆ 04 93 01 02 21, www.ot-beaulieu-sur-mer.fr

👁️ Villa Kérylos
Impasse Eiffel, Beaulieu-sur-Mer
✆ 04 93 01 01 44, www.villa-kerylos.com
Feb.–Anfang Nov. 10–18 Uhr, Juli/Aug. bis 19 Uhr, Nov.–Anfang Feb. Mo–Fr 14–18, Sa/So 10–18 Uhr
Eintritt € 8,50, € 15 inkl. Villa Ephrussi de Rothschild
Die Schönheit eines antiken Palastes und der Komfort der Moderne, so stellte sich Théodore Reinach sein künftiges Heim vor. Mit der am Meer liegenden Villa Kérylos hat er sich diesen Traum aus Fresken, Mosaiken, Kunstduplikaten und ausgesuchten Möbeln verwirklicht (1902–10). Auf der anderen Seite schräg gegenüber der Bucht liegt die Villa Ephrussi de Rothschild auf einer kleinen Halbinsel.

Èze

Sprich: Ääs! Der süße Ort, 1000 Jahre alt und 427 m über dem Meeresspiegel gelegen, ähnelt einer Zuckertüte, bekrönt von der wirklich tollen Altstadt mit steilem Gassengewirr, Belle-Époque-Villen, Luxushotels und einigen netten Restaurants und Cafés. Vom mittelalterlichen Dorf hebt sich die **Kirche Notre-Dame-de-l'Assomption** durch ihre klassische Fassade ab. Sehenswert sind die Ruinen des alten **Schlosses** am höchsten Punkt von Èze, das auf Befehl Louis XIV. 1706 zerstört wurde. Im Sommer finden hier heute Konzerte statt. Einen Blick wert sind auch die **Gärten von Èze**. Apropos: Der Blick von hier auf die Cote d'Azur ist phänomenal und neben dem mittelalterlichen

Einen Blick wert: der Jardin d'Èze

Altstadt-Ambiente mit ein Grund dafür, dass zahlreiche Touristenbusse hier Station machen. Berühmte Gäste waren auch schon in Èze zu Gast, so Nietzsche, der hier mehrere Sommer verbrachte. Es gibt einen nach ihm benannten Pfad zum Meer, auf dem er »Also sprach Zarathustra« beendet haben soll. Auch Bono, Sänger von U2, ließ sich hier für eine Weile blicken.

Office du Tourisme
Place du Général de Gaulle, 06360 Èze Village
℗ 04 93 41 26 00, Fax 04 93 41 04 80, www.eze-riviera.com
Das Infobüro bietet verschiedene geführte Touren durch Èze an.

Le Jardin d'Èze
Place du Général de Gaulle
℗ 04 93 41 04 80, Sept.–Juni 9–18/19 Uhr, Juli/Aug. 9–22 Uhr, im Winter 9 Uhr bis zum Einbruch der Dunkelheit
Exotische Pflanzen, ein herrlicher Blick, die Ruinen eines Château, Wasserbecken und Skulpturen locken in den auf knapp 430 m Höhe gelegenen Garten an der Französischen Riviera.

La Chèvre d'Or
Moyenne Corniche, Rue du Barri, Èze
℗ 04 92 10 66 66, www.chevredor.com
Traumhafte Genüsse mit fantastischem Ausblick, aber zwei Michelin-Sterne haben auch Ihren Preis. Etwas günstiger ist es im dazugehörigen **Grill du Château**. €€€

Le Troubadour
4, rue du Brec, Èze
℗ 04 93 41 19 03, Mo mittags und So geschl.
In einem schönen alten Haus in der Altstadt werden saisonale provenzalische Spezialitäten serviert. €€

L'Herminette Ezasque
1, rue Principale, Èze, © 04 93 41 13 59
Skulpturen aus Olivenbaumholz.

Fragonard
Èze, © 04 93 41 05 05, www.fragonard.com
Die Parfümfabrik aus Grasse hat hier einen Ableger, wo
man sich über die Parfümherstellung informieren und mit
Duftfläschchen eindecken kann.

Parfumerie Galimard
Place du Général de Gaulle, Èze
© 04 93 41 10 70, www.galimard.com
Parfümherstellung und Verkauf.

Pinocchio
Rue de la Pise, Èze
Hier werden Kostüme für Puppen und Marionetten
kreiert und verkauft.

Cap d'Ail

B9

Der kleine Küstenort zwischen Nizza und Monaco bildet
so etwas wie das Eingangstor zum Fürstentum Monaco.
Es gibt einen Strand, beeindruckende Klippen und Küs-
tenwege, die tolle Meerblicke bieten – auf einem der We-
ge lässt sich das Cap umrunden. Interessant sind auch die
Belle-Époque-Villen, die an Winston Churchill und Greta
Garbo erinnern. Die **Villa le Roc Fleuri** im italienischen Stil
ist zwar nicht zu besichtigen, dafür aber ihr schöner bo-
tanischer Garten mit seinem rund 70-jährigen Palmen-
hain (23, av. du Docteur Onimus, Mitte Aug.–Ende Sept.
nachmittags).

Office du Tourisme
87 bis, av. du 3 Septembre, 06320 Cap d'Ail
© 04 93 87 02 33, www.cap-dail.com

Mediterranes Zentrum Cap d'Ail
Ende der 1950er/Anfang der 1960er Jahre schuf
Jean Cocteau einen Kulturkomplex in Form eines antiken
Amphitheaters. Viele Erinnerungsstücke an den Künstler
werden hier aufbewahrt.

Jardin Sacha Guitry
Außergewöhnliche mediterrane Pflanzen wachsen
im Garten der Villa des Autors Sacha Guitry in Cap d'Ail. Im
Infobüro sollte man sich nach Besichtigungen mit einem
Naturforscher erkundigen.

Monaco/Monte Carlo

B9

Das Fürstentum Monaco mit Monte Carlo ist Inbegriff von
Glanz und Glamour, von Luxus und Verschwendung, Treff-

Blick von der Corniche auf Monte Carlo

punkt der Reichen und Schönen, Parkplatz für Edelkarossen und Luxusjachten. Seit dem Hochmittelalter konnte der kleine Staat seine Unabhängigkeit unter der Herrschaft der Grimaldis meist bewahren. Heute zeigt er, wie ein Mini-Fürstentum überleben kann, indem es den Reichen dieser Welt Schutz vor dem Fiskus und gleichzeitig hohe Sicherheit gewährt. Damit dieses geniale Konzept der Grimaldi AG aufgehen konnte, musste Platz geschaffen werden, und in Monaco bedeutet dies, in die Höhe bauen und Tunnel graben. Denn wenn es auf dem Felsen an der Traumküste an irgendetwas mangelt, dann ist das Grund und Boden.

Noch bis Mitte des 19. Jh. waren die Monegassen bitterarm. Erst als das Casino ab Mitte der 1860er Jahre erfolgreich war und Monaco 1868 an das französische Eisenbahnnetz angeschlossen wurde, begann das Fürstentum allmählich zu prosperieren. Das Casino war es auch, das die Prominenz und den europäischen Adel nach Monte Carlo lockte. Nach dem Zweiten Weltkrieg nahm das Fürstentum richtig Fahrt auf und entwickelte sich unter Fürst Rainier III. immer mehr zu einem erfolgreichen Wirtschaftsunternehmen. Allerdings besteht inzwischen eine Wirtschafts- und Zollunion mit Frankreich, und außenpolitisch wird der Zwergstaat von der französischen Republik vertreten.

Fürstin Gracia Patricia von Monaco, alias Grace Kelly

Wer nach Monte Carlo fährt, darf natürlich das **Casino** nicht verpassen. 1878 wurde es von Charles Garnier, dem Architekten der Pariser Oper, erbaut. Die prächtige Villa, die das **Musée National de Monaco** beherbergt, stammt ebenfalls von ihm. Ein marmornes, mit Säulen bestücktes Atrium und mehrere Spielzimmer mit bunten Fenstern, Skulpturen, allegorischen Bildern und bronzenen Lüstern erwarten den staunenden Besucher. Die ganz in Rot und Gold gehaltene *Salle Garnier* ist seit über ei-

nem Jahrhundert Bühne für internationale Operninsze-
nierungen, Konzerte und Ballettaufführungen. Vor dem
berühmten Spielcasino erstrecken sich großzügige, farbenprächtige Grünanlagen mit schönen Springbrunnen.
Wer sein Geld lieber verfuttert statt verspielt, kehrt lieber
ins Drei-Sterne-Restaurant von Alain Ducasse an der Place
du Casino ein. Billiger wird es vielleicht nicht, aber man
schwelgt in unglaublichen kulinarischen Genüssen. Am selben Platz befinden sich die beiden Institutionen Café de
Paris und Hôtel de Paris. Das Meer und das **Centre de Congrès** sind ganz in der Nähe, der Strand vor der Avenue
Princesse Grace ist jedoch künstlich aufgeschüttet.

Eine weitere Attraktion ist der prächtige **Fürstenpalast**.
Tagtäglich gibt es ein Spektakel vor der kanonenbestück-
ten Residenz auf der Place du Palais: die Wachablösung jeden Mittag um fünf vor zwölf. Wer die Garde versäumt,
ergötzt sich an der herrlichen Aussicht auf Monte Carlo
und Umgebung. Die Monegassen lieben ihr altes Stück
Monaco: die **Altstadt** mit der Chapelle de la Miséricorde,
den Jardins St-Martin, der Place St-Nicolas und der Rampe
Major.

Office du Tourisme
Bd. des Moulins, MC 98000 Monaco
℃ (003 77) 92 16 61 16, www.monaco-tourisme.com

 Natürlich fährt auch durch Monaco ein kleiner
Touristenbummelzug, Abfahrt am Musée Océanographique (Saison tägl. 10–17 Uhr, Winter außer Jan.
und Mitte Nov. bis Weihnachten 10.30–17 Uhr).

Cathédrale de Monaco
4, rue Colonel Bellando de Castro, Monaco
℃ (003 77) 93 30 87 70

Anziehungspunkt für Viele: das mondäne Spielcasino von Monte Carlo

Anno 1875 wurde die römisch-byzantinische Kathedrale aus weißem Turbie-Gestein erbaut. Sie ist letzte Ruhestätte der Fürstenfamilie. 2005 wurde Fürst Rainier III. neben seiner 1982 verstorbenen Frau, Fürstin Gracia Patricia, bestattet. Eine schlichte Grabplatte erinnert an sie. Prunkvoll sind hingegen der Altar und der erzbischöfliche Thron aus weißem Carrara-Marmor.

Casino
Place du Casino, Monaco
☏ (003 77) 92 16 20 00, Fax (003 77) 92 16 38 62
www.casino-monte-carlo.com, tägl. ab 14 Uhr
Eintritt € 10, Mindestalter für den Casinobesuch 18 Jahre
Den Bau des pompösen Zockerparadieses schuf Charles Garnier.

Palais Princier de Monaco
Place du Palais, Monaco
☏ (003 77) 93 25 18 31, www.palais.mc
April 10.30–18, Mai–Sept. 9.30–18.30, Okt. 10–17.30 Uhr
Die Grimaldis wussten schon immer, wo es schön ist. Ihr 1215 auf den Mauern einer einstigen Festung der Genueser erbauter Fürstenpalast besticht durch seine einzigartige Lage. Wenn die Grimaldis im Sommer nicht zu Hause sind, können Teile des Palastes wie die Galerie im italienischen Stil, der Salon Louis XV., der Thronsaal, die Tour Ste-Marie und der Ehrenhof besichtigt werden. Für die Reise durch die Jahrhunderte werden Tonführungen (Audioguides) in zehn Sprachen ausgegeben.

Théâtre du Fort Antoine
Av. de la Quarantaine, Monaco
☏ (003 77) 93 15 80 00
Im steinernen Halbrund ganz im Nordosten des Felsens werden im Sommer Theaterinszenierungen aufgeführt. Außerhalb der Vorstellungen ist der Zutritt zu dem kleinen Amphitheater (350 Plätze) gratis (erst wieder nach Abschluss der Bauarbeiten am neuen Deich).

Monte Carlo Story
Terrasses du Parking-des-Pechêurs, Monaco
☏ (003 77) 93 25 32 33, Jan.–Juni, Sept./Okt. 14, 15, 16 und 17 Uhr, Juli/Aug. 14, 15, 16, 17 und 18 Uhr
»Monaco le Film« heißt eine gut halbstündige Kino-Multivisionsshow über die 700-jährige Familiengeschichte der Grimaldis, zu hören in sechs Sprachen (u. a. Deutsch).

Collection des Voitures anciennes
Terrasses de Fontvielle, Monaco
☏ (003 77) 92 05 28 56
www.palais.mc, tägl. 10–18 Uhr
Fürst Rainier III. war begeisterter Autofan, seine stattliche Sammlung umfasst rund 100 Wagen vom Oldtimer bis zum Rennwagen.

🏛 **Historial des Princes de Monaco – Musée de Cires**
27, rue Basse, Monaco, ✆ (003 77) 93 30 39 05

März–Sept. 10–18 Uhr, Okt.–Feb. 11–17 Uhr
Wachsfiguren-Szenerien erzählen die Geschichte der Fürstenfamilie.

🏛 **Musée des Souvenirs Napoléoniens**
Place du Palais, Monaco

✆ (003 77) 93 25 18 31, www.palais.mc
Juni–Sept. tägl. 9.30–18.30 Uhr, Okt.–Mitte Nov. tägl. 10–17 Uhr, Mitte Dez.–Mai Di–So 10.30–12.30 und 14–17 Uhr, Mitte Nov.–Mitte Dez. geschl.
Über 1000 Exponate erinnern im südlichen Schlossflügel an Napoléon sowie die Grimaldis, u. a. Uniformen und Medaillen.

🏛 **Musée des Timbres et des Monnaies**
Terrasses de Fontvielle, Monaco
✆ (003 77) 93 15 41 50
Tägl. 10–17 Uhr, Sommer 10–18 Uhr
Hier kann man Münzen und Briefmarken bestaunen. Besonders wertvolle Marken liegen hinter imposanten Türen in einem eigenen Raum mit Speziallampen bei 18 °C.

🏛 **Musée National de Monaco/Musée National Automates et Poupées d'autrefois**
17, av. Princesse Grace, Monaco
✆ (003 77) 93 30 91 26
Ostern–Sept. tägl. 10–18.30 Uhr, sonst tägl. 10–12.15 und 14.30–18.30 Uhr
Man würde wohl vieles erwarten, kaum aber, dass die Dauerausstellung im Nationalmuseum Monacos französische Puppen und Spielautomaten aus der zweiten Hälfte des 19. Jh. zeigt. Es ist das Lebenswerk von Madame de Galéa.

Nobel: das Foyer des Hotels Hermitage (Monte Carlo)

🏛 **Musée Naval**
Terrasses de Fontvielle, Monaco
✆ (003 77) 92 05 28 48
www.musee-naval.mc
Tägl. 10–18 Uhr
Schifffahrtsgeschichte anhand von über 250 Modellen und Objekten von der Antike bis heute. Die Sammlung ist eine der vielfältigsten weltweit.

🐟 **Musée Océanographique**
Av. St-Martin, Monaco
✆ (003 77) 93 15 36 00

www.oceano.mc
April–Juni, Sept. 9.30–19 Uhr, Juli/ Aug. 9.30–19.30 Uhr, Okt.–März 10–18 Uhr
Keine Angst vorm weißen Hai, der lebt mit seinen Verwandten – 4000 Arten von

Monaco aus der Vogelperspektive
Wenn schon dekadent, dann richtig. Monaco kann man sich auch aus der Luft angucken, man braucht nur einen zehnminütigen Helikopterflug zu buchen. Kostenpunkt um € 60 pro Person bei vier Leuten (vom Héliport, Av. des Ligures, z. B. mit Héli Air Monaco, ✆ 003 77-92 05 00 50, www.heliairmonaco.com, oder mit Monacair, ✆ 003 77-97 97 39 00, accueil@monacair.com.

Meeresgetier – in einer großen Lagune im Ozeanischen Museum. Beeindruckend die Lage des im Jahr 1910 von Prinz Albert I. gegründeten Meeresmuseums: Seine imposante Fassade ragt auf einer steilen Klippe am Meer in den Himmel.

 Jardin Animalier
Terrasses de Fontvielle, Monaco
✆ (003 77) 93 25 18 31, www.palais.mc
März–Mai 10–12 und 14–18 Uhr, Juni–Sept. 9–12 und 14–19 Uhr, Okt.–Feb. 10–12 und 14–17 Uhr
Tiergehege am Berg, in dem einige Affenarten, Löwen, Tiger, Reptilien und exotische Vögel leben.

 Jardin Exotique/
Musée d'Anthropologie Préhistorique
62, bd. du Jardin-Exotique, Monaco
✆ (003 77) 93 15 29 80
Mitte Mai–Mitte Sept. 9–19 Uhr, sonst bis 18 Uhr bzw. bis Sonnenuntergang, Museum: tägl., Eintritt frei
Der oberhalb von Monaco-Stadt gelegene Garten mit Tausenden von exotischen Pflanzen bietet eine spektakuläre Sicht auf das Fürstentum. In der Grotte de l'Observatoire unterhalb des Pflanzenparadieses wechseln sich Stalaktiten und Stalagmiten ab. Neben dem Garten beschäftigt sich das **Musée d'Anthropologie Préhistorique** mit der Urgeschichte der ersten hiesigen Bewohner.

  Jardin Japonais
Av. Princesse Grace, Monaco
9 Uhr bis Sonnenuntergang, Eintritt frei
In der Nähe des Puppen- und Automatenmuseums erstreckt sich am Meer entlang ein 7000 m² großes Stück Asien, der Japanische Garten, angelegt in Zen-Tradition.

  Roseraie Princesse Grace
Fontvielle, Monaco, Eintritt frei
Am Fuß des Altstadtfelsens in Fontvielle wurde nach dem Tod von Prinzessin Gracia Patricia ein Rosengarten mit über 5500 Rosenstöcken und rund 240 Arten angelegt. Ganz in der Nähe gibt es einen Skulpturenpfad mit über 100 Werken.

  Café de Paris
Place du Casino, Monte Carlo
✆ (003 77) 92 16 25 54

Ein Klassiker: das Café de Paris in Monte Carlo

Der Klassiker, um im Sommer auf der Terrasse am Casino echte Monte-Carlo-Luft zu schnuppern. Innen schönes Brasserie-Ambiente. €€€

Le Louis XV – Alain Ducasse
Place du Casino, Monte Carlo
℃ (003 77) 92 16 29 76,
Do–Mo, 18. Juni–20. Aug., auch Mi abends geöffnet
Höchst dekorierter Genusstempel von Starkoch Alain Ducasse. Klassisches Ambiente, Terrasse zum Casino. €€€

Polpetta
2, rue Paradis, Monte Carlo
℃ (003 77) 93 50 67 84, Sa mittags und Di geschl.
Ordentlicher, rustikaler Italiener mit Veranda. €€

Zebra Square
Forum Grimaldi, 10, av. Princesse Grace
Monte Carlo, ℃ (003 77) 99 99 25 50
Angesagter Promi-Treff im Top-Design. €€€

Chocolaterie Carlino's
Place de la Visitation, Monaco
℃ (003 77) 97 97 88 88
Seit über 80 Jahren gibt es dieses Schokoladenparadies, das nur Schokolade mit mindestens 70 % Kakao herstellt.

Isabelle Pierre
41, rue Grimaldi, Monaco
℃ (003 77) 99 99 61 89
Im ältesten Antiquitätenshop am Platze gibt es alles von zierlichen Zuckerdöschen bis zu Louis-quatorze-Möbeln.

Manufacture de Porcelaine de Monaco S.A.M.
36, bd. des Moulins, Monaco
℃ (003 77) 92 05 77 55, www.mdpm.com

Im Stadtviertel Fontvielle setzt der Familienbetrieb seit 30 Jahren auf traditionelle Porzellanherstellung.

Noor Arts
15, rue Princesse Caroline, Monaco
© (003 77) 93 50 12 55

Im Zentrum gelegener Antiquitätenladen, der Schmuck, Kristall, Bilder und Art-déco-Stücke im Angebot hat.

Stade Louis-II
3, av. des Castelans, Monaco
© (003 77) 92 05 40 11, Fax (003 77) 92 05 94 37

Ein Mekka für Sportfans mit Fußballstadion für 20 000 Zuschauer und Swimmingpool mit olympischen Maßen.

Schön im Sommer: Konzerte im Ehrenhof des Fürstenpalais.

Théâtre Princesse Grace
12, av. d'Ostende, Monaco
© (003 77) 93 25 32 27, www.tpgmonaco.com

Die Theaterbühne von Monaco.

Opéra de Monte Carlo
Place du Casino, Monaco
© (003 77) 98 06 28 28, www.opera.mc

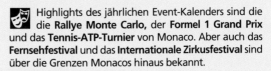

Highlights des jährlichen Event-Kalenders sind die **Rallye Monte Carlo,** der **Formel 1 Grand Prix** und das **Tennis-ATP-Turnier** von Monaco. Aber auch das **Fernsehfestival** und das **Internationale Zirkusfestival** sind über die Grenzen Monacos hinaus bekannt.

Ausflugsziel:

Trophée d'Auguste
18, av. Albert 1er, La Turbie
© 04 93 41 20 84

April–Mitte Juni tägl. 9.30–18 Uhr, Mitte Juni–Mitte Sept. tägl. 9.30–19 Uhr, sonst Di–So 10–17 Uhr

Das 1777 fertig gestellte Denkmal über der Küste Monacos feiert die Verkündung der *Pax Romana* und den Sieg Kaiser Augustus über die Liguren. Von außen sieht das Denkmal an der alten Via Julia recht mitgenommen aus, es stehen noch Teile des Fundaments, Wandreste und ein paar Säulen. Erhalten ist der prächtige, großzügig ausgestattete Innenraum. Der Hauptaltar besteht aus 17 Marmorsorten, ein anderer aus Onyx und Achat. Das Museum beherbergt archäologische Sammlungen.

Menton
Es heißt, Eva soll in Menton einen Zitronenbaum gepflanzt haben, den sie aus dem Paradies stibitzt hat. Kein Wunder also, dass es »Stadt der Zitrusfrüchte« genannt

wird. Als wäre das nicht schon genug, wird der 30 000 Einwohner zählende Ort in traumhafter Mittelmeerlage kurz vor der italienischen Grenze auch mit einem ausgesprochen milden Klima verwöhnt. Der Winter scheint ein Fremdwort zu sein, 316 Sonnenscheintage pro Jahr werden gezählt. Menton ist die Hauptstadt der Parks und Gärten an der Französischen Riviera, zahlreiche tropische und subtropische Pflanzen gedeihen hier. Im 19. Jh. wurden viele prächtige Parks angelegt, sieben gibt es allein im Stadtgebiet. Da wären z. B. der **Jardin de Maria Séréna**, dem das mildeste Klima in ganz Frankreich nachgesagt wird, oder die unter Denkmalschutz stehenden Gärten **Jardin de la Serre de la Madone** und **Fontana Rosa**. Im **Jardin botanique du Val Rahmeh** kann man eine botanische Weltreise machen.

Die italienisch beeinflusste Barockkirche St-Michel in Menton

Auch architektonisch ist die Stadt, die sich seit 1346 im Besitz der Grimaldis, Herrscher von Monaco, befand und sich erst 1860 zum Anschluss an Frankreich entschloss, nicht hässlich – im Gegenteil. Um die Stadtgeschichte kennen zu lernen, braucht man nur ein wenig spazieren zu gehen. Beim Rundgang passiert man das Mittelalter, kommt an barocker Architektur vorbei, durchstreift den Belle-Époque-Badeort und ein Stück Italien ist beim Stilmix auch dabei. Einfache Häuser und enge Gassen, aber auch Paläste und Parks prägen das Stadtbild. Die **Altstadt** steht unter Denkmalschutz und die **Markthalle**, immer noch betriebsam, ist ein Juwel der Belle Époque. Der **Palast Carnolès** von Antoine I. von Monaco beherbergt heute das **Musée des Beaux-Arts** und steht unter Denkmalschutz. In der ehemaligen Bastion von 1636 widmet sich ein Museum Jean Cocteau.

Ein barockes Juwel thront über der Stadt: die **Basilika St-Michel**, ihr gegenüber erhebt sich die Büßerkapelle. Im Inneren der Basilika sollte man einen Blick auf das Gewölbe des Mittelschiffs mit Trompe-l'œil-Malereien werfen. Imposant ist auch die zum Kirchenvorplatz führende Freitreppe. Im Sommer wandelt sich der Platz seit 1959 für das jährliche Kammermusikfestival *Festival de Musique* zur Open-Air-Bühne.

Office du Tourisme
8, av. Boyer, Palais de l'Europe, 06506 Menton
☎ 04 92 41 76 76, Fax 04 92 41 76 78
www.villedementon.com

In allen **Museen** von Menton ist der Eintritt frei, mit Ausnahme des Musée Jean Cocteau. Dort kostet der Eintritt € 3.
Erkundungsrundgänge auf den Spuren berühmter Namen werden von der Kulturabteilung angeboten (Infos im Touristenbüro).

 Petit Train de Menton
℅ 04 93 41 31 09, Ostern–Okt. 10–12 und 14.15–18, Juli/Aug. 10–12 und 15–19 Uhr, Weihnachten bis Ostern 10–12 und 14.15–17.30 Uhr
Der kleine Touristenzug beginnt seine Rundfahrt an der Promenade du Soleil, im Juli/Aug. gibt es Nachtfahrten (20.30–23.30 Uhr) durch das beleuchtete Menton.

Monastère de l'Annonciade
Über den 464 Stufen zählenden und von Gebetsstationen gesäumten Rosenkranzpfad erreicht man das auf einem Hügel gelegene Kloster, das seit 140 Jahren von Kapuzinermönchen geführt wird. Tolle Aussicht auf die Riviera! Im Juli lohnt der Besuch der Musikabende.

 Verliebte sollten sich überlegen, in Menton zu heiraten. Aus einem normalen Rathaussaal hat Jean Cocteau Ende der 1950er Jahre einen einzigartigen Rahmen fürs Jawort geschaffen. **La Salle des Mariages Jean Cocteau** im Hôtel de Ville an der Place Ardoïno ist Mo–Fr 8.30–12.30 und 13.30–17 Uhr geöffnet (℅ 04 92 10 50 00).

Kunstgalerie des Palais de l'Europe
8, av. Boyer, Menton
℅ 04 92 41 76 76
Wer das Office du Tourisme aufsucht, kann im selben Haus Kunst beäugen. Im Erdgeschoss werden zeitgenössische Künstler präsentiert.

 Musée des Beaux-Arts
Palais Carnolès, 3, av. de la Madone, Menton
℅ 04 93 35 49 71, tägl. außer Di 10–12 und 14–18 Uhr
Die Gemälde in der ehemaligen Sommerresidenz des Prinzen von Monaco reichen vom 13. Jh. bis heute. Drumherum ein herrlicher Park mit Skulpturen und der wichtigsten Zitronenbaumsammlung Europas (geöffnet wie Museum).

Musée de Préhistoire Régionale
Rue Lorédan Larchey, Menton
℅ 04 93 35 84 64
Tägl. außer Di 10–12 und 14–18 Uhr
Hier geht es um die Urahnen: der Mittelmeermensch vor einer Million Jahren.

 Musée Jean Cocteau
Vieux Port, Quai Napoléon III, Menton

Das Musée Jean Cocteau in Menton entstand unter Mitwirkung des Künstlers

✆ 04 93 57 72 30
Tägl außer Di 10–12 und 14–18 Uhr
Über dem alten Hafen erhebt sich Le Bastion, eine kleine
Festung aus dem 17. Jh., die unter Cocteaus Mitwirkung zu
seinem Museum umgewandelt wurde.

 A Braïjade Méridionale
66, rue Longue, Menton
✆ 04 93 35 65 65
Sept.–Juni Di/Mi, Juli/Aug. mittags geschl.
Gutes Restaurant in der Altstadt mit Mini-Terrasse und
mediterraner Küche. €€

 Au Petit Gourmand
11, rue Tranca, Menton
✆ 04 93 35 79 27, Mo mittags und Mi geschl.
Traditionelle Küche in modernem Ambiente und in zen-
traler Lage. €€

Au Pistou
9, quai Gordon Bennett, Menton
✆ 04 93 57 45 89
Mo geschl., im Winter auch So abends
Eine Institution am alten Hafen. Angenehmes Bistrot-
Ambiente, schmackhaftes mediterranes Essen zu ver-
nünftigen Preisen. €–€€

 Paris Rome
79, porte de France, Menton
✆ 04 93 35 73 45, Mo geschl.
Wahrscheinlich das letzte Restaurant vor der italienischen
Grenze. Ordentliche Gerichte mit italienischen und provenzalischen Einflüssen. €€

L'Arche des Confitures
2, rue du Vieux College, Menton
✆ 04 93 57 20 29
Das Marmeladenhaus von Menton. Die Marmeladenfabrik kann mittwochs um 10.30 Uhr besichtigt werden (8, rue Ardoïno).

L'Authentique
2, rue Pietà, Menton
✆ 04 92 10 01 11
Atelier für Seidenmalerei und Keramik.

Maison Herbin
2, rue Palméro, Menton
✆ 04 93 57 20 29, Mo–Fr
Haus der Marmeladen und Konfitüren, mittwochs um 10.30 Uhr kann man die Confiserie besichtigen.

Wer Menton besucht, sollte donnerstags kommen, um einen Italientrip inklusive Marktbummel einzuschieben. Der **Markt in Ventimiglia**, etwa zehn Minuten mit der Bahn über die Landesgrenze, ist ein Muss. Der Zug hält direkt am Ort des Geschehens. Außerdem jeden Morgen in den **Markthallen** am Quai de Monléon.

Jardin botanique du Val Rahmeh
Av. St-Jacques, Menton
✆ 04 93 35 86 72, tägl. außer Di 10–12.30 und 15.30–18.30 Uhr (Okt.–März 14–17 Uhr)
Park mit vielen außereuropäischen Pflanzen. Hier steht auch eines der seltenen Exemplare der Sophora Toromino, des mystischen Osterinsel-Baumes.

Jardin de la Serre de la Madone
74, route de Gorbio, Menton
Sommer 10–18 Uhr, Winter bis 17 Uhr
Zwischen 1919 und 1939 angelegter Park mit Terrassen, Steingärten, Orangenhainen, Pergolas, Wasserflächen und seltenen Pflanzen.

Jardin de Maria Séréna
21, promenade Reine Astrid, Menton
✆ 04 92 10 33 66
Nur mit Führung, Di 10 Uhr
Auf 1,5 ha wachsen tropische und subtropische Pflanzen, darunter jede Menge Farnpalmen. Die Villa Maria Séréna wurde vom Architekten Charles Garnier entworfen.

Claude Monet: »Die rote Straße bei Menton« (1884)

Jardin Fontana Rosa
Av. Vicente Blasco Ibanez, Menton
✆ 04 92 10 33 66
Nur mit Führung, Mo, Fr 10 Uhr

Der in den 1920er Jahren angelegte Park mit damals modernen spanischen Keramiken steht unter Denkmalschutz. Der Garten ist großen Schriftstellern gewidmet.

Jardin des Colombières
Route des Colombières, Menton

In dem wunderschönen Mittelmeerpark wachsen vornehmlich Zypressen und Ölbäume. Von hier eröffnen sich schöne Ausblicke auf die Altstadt und die Bucht von Garavan.

Le Clos du Peyronnet
Av. Aristide Briand, Menton
℡ 04 93 35 72 15
Besichtigung auf Anfrage

In stufenförmig angelegten Becken plätschert das Wasser hinunter bis ins Mittelmeer.

Die stilvolle Markthalle von Menton

Plateau St-Michel
120 000 m² großes Gelände auf einem Hügel mit uralten Ölbäumen, Pinien, Eukalyptusbäumen und Mimosen. Von hier bietet sich eine herrliche Aussicht auf Menton und Umgebung!

Koaland
Av. De la Madone, Menton
℡ 04 92 10 00 40
Tägl. 10–12 und 14–20 Uhr, Juli/Aug. 16–24 Uhr, Winter bis 19 Uhr

Exotische Tiere gibt es zwar nicht im 1,5 ha großen Freizeitpark, dafür aber Spiel, Spaß, Spannung mit Kletterlandschaften, Bimmelbahn und Karussells.

Im Februar/März wird zwei Wochen lang das **Zitronenfest** mit farbenfrohen Umzügen und Paraden gefeiert. Das **Festival de Musique** begleitet den Ferienmonat August musikalisch. Im Sommer dient die Altstadt als Bühne für das **Straßentheater**. Jedes Jahr im August sind seit Jahrzehnten die **Internationalen Festspiele der Kammermusik** ein Highlight. Ebenfalls im August: das **Jazzfestival**.

Besuch der Gärten und Parks
Einige Parks können nur im Rahmen einer Führung besucht werden. Informationen erteilt das örtliche Office de Tourisme. Der Eintritt kostet in der Regel mit Führung € 8, ohne Führung € 5. Der Juni steht übrigens ganz im Zeichen der Gärten und Parks von Menton. Den ganzen Monat lang werden außergewöhnliche Besichtigungen angeboten.

---

4   Service

Anreise/Einreise

Mit dem Auto

Wer mit dem Auto anreist, kann wählen: Die Autobahnen A 6 und A 7 verbinden Paris und Lyon und die großen europäischen Autobahnnetze mit Marseille. Von dort führt die A 8 zur Cote d'Azur. Um die Autobahnmaut zum umgehen (*péage*), kann man alternativ auf die Bundesstraßen ausweichen. Im Internet kann man sich unter www.autoroutes.fr (nur in Französisch) über Mautgebühren, Tankstellen, Servicestationen, Raststätten und Hotels entlang der Straßen informieren. Wissenswertes über Reiserouten etc. erhält man unter www.michelin.fr, in Deutsch unter www.via michelin.com, www.mappy.de oder http://route.web.de/europa.

Über die aktuelle Verkehrslage informieren: *Autoroutes du Sud de la France* (ASF), ✆ (00 33) (0) 892 70 70 01, www.asf.fr. Im Radio wird die Verkehrssituation auf den Straßen beim Sender *Autoroute FM* (UKW 107.7) verkündet.

Mit dem Zug

Die meisten Städte an der Côte d'Azur sind mit dem Zug zu erreichen. Von Paris aus fährt der **TGV** (Hochgeschwindigkeitszug) nach Marseille, Toulon, Cannes, Nizza und Antibes.

Eine geruhsame Alternative zur Anreise mit dem eigenen Fahrzeug über die Autobahn sind die **Autoreisezüge** der Deutschen Bundesbahn. Je nach Saison fahren sie regelmäßig von verschiedenen deutschen Städten (z. B. Köln, Hamburg, Berlin) nach Avignon und Fréjus. Infos beim DB AutoZug Servicetelefon ✆ 0180/524 12 24 oder im Internet unter www.dbautozug.de.

Der Hafen vor der Altstadtkulisse von Menton

Auskünfte, Infos über Vergünstigungen und Reservierungen bei der französischen Bahn **SNCF** unter ✆ (00 33) (0) 836 35 35 35 (in Frankreich 36 35), www.sncf.fr, www.sncf.com oder www.tgv.com.

Mit dem Flugzeug
Die internationalen Flughäfen sind Marseille-Provence und Nice-Côte d'Azur. Es gibt auch einen europäischen Flughafen in Toulon-Hyères.

– Aéroport International Marseille-Provence:
✆ (00 33) (0)4 42 14 14 14, www.marseille.aeroport.fr
Pendelbusse von/nach Marseille Stadtmitte alle 20 Min.:
Flughafen–Marseille Stadtmitte 5.30–21.50 Uhr
Marseille Stadtmitte–Flughafen 6.30–22.50 Uhr
– Aéroport International Nice-Côte d'Azur:
✆ (00 33) (0) 892 69 55 55 oder (0) 820 42 33 33
www.nice.aeroport.fr. Pendelbusse von/nach Nizza alle 20 Min.:
Flughafen–Nizza Zentrum 6–23 Uhr
Nizza Zentrum–Flughafen 5.45–20.50 Uhr
– Aéroport Toulon-Hyères:
✆ (00 33) (0) 825 01 83 87, www.var.cci.fr
– Aéroport Avignon-Caumont: ✆ (00 33) (0) 490 81 51 51

Einreise
In Frankreich ist es Pflicht, den **Personalausweis** oder **Reisepass** immer bei sich zu tragen.

Wer innerhalb der EU mit Hund, Katze oder Frettchen reisen möchte, benötigt für seinen Vierbeiner seit Oktober 2004 einen so genannten **EU-Heimtierpass**, der von einer Tierarztpraxis ausgestellt werden kann. Dieser Pass muss dem Tier anhand einer Tätowierung oder eines Mikrochips eindeutig zugeordnet werden können. Er muss den Nachweis einer gültigen Tollwutimpfung enthalten (mind. 30 Tage, max. 12 Monate alt). Dieser Regelung hat sich auch die Schweiz angeschlossen. Infos unter www.verbraucherministerium.de. Kampfhunde dürfen nicht nach Frankreich mitgenommen werden, Wach- und Schutzhunde nur, wenn beim Zoll Geburtszeugnis und Stammbaum vorgelegt werden. Hunde müssen eine Marke tragen. Am Halsband sollte man Namen, Heim- und Urlaubsadresse vermerken. Für den Fall, dass Bello entlaufen ist, wendet man sich an die örtliche Polizei und den französischen Tierschutzverband *Société de Protection des Animaux*: ✆ 01 43 80 40 66, www.spa.asso.fr.

Auskunft

Maison de la France
Zeppelinstr. 37, 60325 Frankfurt
✆ (09 00) 157 00 25, Fax (09 00) 159 90 61 (✆ 0,49 pro Min.)
www.franceguide.com
Mo–Fr 9–16.30 Uhr, tel. Auskünfte und Prospektbestellung Mo–Fr 9–17.30 Uhr

---

Informationen über die Côte d'Azur im Internet
www.guideriviera.com, www.frankreich-info.de
www.cote.azur.fr, www.cotedazur-en-fetes.com
www.crt-paca.fr, www.tourismevar.com
www.logis-de-france.fr, www.gites-de-france.fr
www.chambres-hotes.org

Regionales Fremdenverkehrsamt Provence-Alpes-Côte d'Azur
Les Docks, 10, place de la Jolitte, Atrium 10.5,
BP 46214, 13567 Marseille
℡ 04 91 56 47 00, Fax 04 91 56 47 01, www.crt-paca.fr

Adressen und Websites der örtlichen Tourismusbüros finden Sie
bei den jeweiligen Orten unter den Reiseregionen. Dort kann
man sich vorab informieren und Material bestellen.

Automiete/Autofahren

Mietwagen gibt es an den Flughäfen, auf großen Bahnhöfen und
in den Städten. Internationale Anbieter wie Sixt, Budget, AVIS,
Europcar-Interrent und Hertz sind auch an der Côte d'Azur vor
Ort. Wer ein Auto mieten möchte, muss seit mindestens einem
Jahr einen Führerschein haben und mindestens 23 Jahre alt sein.
In der Regel empfiehlt es sich, besonders in der Hauptreisezeit,
schon vom Heimatland aus zu buchen.

Anbieter im Internet:
www.e-sixt.de, www.autoeurope.de
www.avis.fr, www.europcar.fr, www.hertz.fr

Im Auto besteht vorne und hinten **Gurtpflicht** (Bußgeld € 135,
Kinder unter zehn Jahren müssen hinten und auf einem Kinder-
sitz bzw. einer Sitzerhöhung sitzen). Folgende **Geschwindigkeits-
begrenzungen** gelten: 50 km/h in der Stadt, 130 km/h auf Autobahnen, 110 km/h auf Schnellstraßen, 90 km/h auf allen anderen
Straßen.

Geschwindigkeitsüberschreitungen können richtig teuer werden: Wer bis zu 50 km/h zu schnell ist, kann mit einem Bußgeld von
€ 135 und drei Jahren Fahrverbot in Frankreich bestraft werden.
Fährt man ohne im Besitz eines **Führerscheins** zu sein und wird erwischt, muss man mit € 15 000 Strafe und einem Jahr Freiheitsent-
zug rechnen. Die **Promillegrenze** liegt bei 0,5. Kommt man alko-
holisiert in eine Verkehrskontrolle, kann das mit einem Bußgeld
von € 4500, einem dreijährigen Fahrverbot in Frankreich und zwei

Gasse in der Altstadt von Grasse

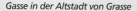

Jahren Knast enden. Wer beim Telefonieren mit dem Handy ohne Freisprechanlage erwischt wird, muss ebenfalls mit einem Bußgeld rechnen (€ 35. Wer gleich bezahlt, ist mit € 22 dabei).

Bei **Pannen und Notfällen** auf der Autobahn sollte man eine SOS-Rufsäule nutzen, dann ist man gleich mit der Gendarmerie, der Polizei oder der Autobahngesellschaft verbunden. Auf Autobahnen und Schnellstraßen dürfen nur lizenzierte Firmen abschleppen. Die Tarife sind reglementiert.

In den Innenstädten, an manchen Sehenswürdigkeiten und in manchen Dörfern müssen Autofahrer fürs **Parken** zahlen (ca. € 2–5). Das bedeutet allerdings nicht, dass der Parkplatz dann auch bewacht ist, deshalb gilt: Keine Wertgegenstände im Auto lassen! In den Städten gibt es neben Zonen mit Parkscheinautomaten auch Parkhäuser. Letztere sind zwar nicht billig, ersparen aber häufig die Parkplatzsuche.

Die gute Nachricht: Bei den großen Supermärkten wie Intermarché, Champion und Shopi gibt es meist gleich eine Billigtankstelle. Unter www.clever-tanken.de kann man sich über den Service der französischen **Tankstellen** und die aktuellen Benzinpreise informieren.

Diplomatische Vertretungen

In Deutschland:

Französische Botschaft
Pariser Platz 5, 10117 Berlin
☏ (030) 590 03 90 00, Fax (030) 590 03 91 71
www.botschaft-frankreich.de
Französische Generalkonsulate in Düsseldorf, Frankfurt/Main, Hamburg, München, Saarbrücken, Stuttgart.

An der Côte d'Azur:

Deutsche Konsulate
– 338, av. du Prado, 13295 Marseille
☏ 04 91 16 75 20, Fax 04 91 16 75 28
– 34, av. Henri Matisse, 06200 Nizza
☏ 04 93 83 55 25, Fax 04 93 83 05 50

Österreichisches Generalkonsulat
27, cours Pierre Puget, 13006 Marseille
☏ 04 91 53 02 08, Fax 04 91 53 71 51
consulatautriche@renardassocies.com

Schweizer Generalkonsulat
7, rue d'Arcole, 13291 Marseille Cedex 6
☏ 04 96 10 14 10/11, Fax 04 91 57 01 03
vertretung@mar.rep.admin.ch

Feiertage, Feste und Ferien

An den nachfolgenden Feiertagen sind auch die Institutionen, die sonst täglich geöffnet haben, in der Regel geschlossen:
1. Januar (Neujahr), **Ostern**, **1. Mai** (Tag der Arbeit), **8. Mai** (Ende des Zweiten Weltkriegs), **Christi Himmelfahrt**, **Pfingsten**, **14. Juli** (Nationalfeiertag), **15. August** (Mariä Himmelfahrt), **1. November**

(Allerheiligen), **11. November** (Ende des Ersten Weltkriegs), **25. Dezember** (Weihnachten)

Die Hauptferienzeit der Franzosen sind im Sommer die Monate Juli/August. Vor allem während der Pariser Schulferien wird es überall rappelvoll und teuer. Beliebt sind auch die Ferien im Februar, die viele Franzosen zum Skifahren in den südlichen Skigebieten nutzen.

Geld

Den *Café au lait* bezahlt man in Euro. Touristen aus Nicht-Euro-Ländern können bei den Banken und der Post Geld umtauschen. Auch in Bahnhöfen, Flughäfen und in der Nähe von Sehenswürdigkeiten findet man Wechselstuben. Der Kurs ist festgelegt, die Gebühren variieren. Sie müssen in einem Aushang angegeben werden.

Bargeld kann man mit Kredit- oder EC-Karte an Geldautomaten der Banken abheben. In vielen Geschäften, Restaurants etc. werden Kreditkarten akzeptiert, EC-Karten nicht immer. Die Preise an der Côte d'Azur bewegen sich in etwa auf deutschem Niveau, in der Hochsaison ziehen die Preise an.

Hinweise für Behinderte

Für Rollstuhlfahrer ist die Cote d'Azur nicht unbedingt ein einfaches Pflaster, man denke nur im Hinterland an die vielen Dörfer an Berghängen mit Treppen und steilen, unebenen Wegen. Auch in vielen Restaurants, Hotels und Chambres d'hôtes sind behindertengerechte Einrichtungen leider oft nicht vorhanden. Wer mit Handicap reist, sollte sich daher vor der Reise gut informieren, das Internet konsultieren oder sich die (kostenpflichtige) Broschüre von der Association des Paralysées de France (APF) schicken lassen: **APF**, Délégation de Paris, 17, bv. Auguste Blanqui, 75013 Paris, ✆ (00 33) (0) 140 78 69 00.

Klima/Kleidung

Die Region Provence-Alpes-Côte d'Azur erfreut sich eines mediterranen Klimas mit trockenen und warmen Sommern (bis 35 °C) und geringen Niederschlägen (unter 60 Regentage im Jahr). Im

Das milde Klima an der Côte d'Azur lässt Pflanzen üppig blühen

Winter ist es an der Küste mild, selten fällt das Thermometer unter 10 °C. In den südlichen Alpen pendeln die Temperaturen zwischen 0 und 5 °C. Im Frühjahr und Herbst können die Nächte kühl werden – ein dicker Pulli oder eine Jacke gehören daher ins Reisegepäck.

Mistral heißt der starke Wind, der eine Spitzengeschwindigkeit von 100 km/h erreichen kann. Wetterinfos gibt es bei Météo France: ✆ (00 33) (0) 892 70 18 00 (ca. 35 Cent/Min.), www.meteo france.com, www.meteo.fr.

Medizinische Vorsorge

Vor der Abreise sollte man sich über den Geltungsbereich und die Erstattungsbedingungen der eigenen Krankenversicherung informieren. Viele Krankenkassen haben sich bereits auf die **Europäische Krankenversicherungskarte** (European Health Insurance Card, EHIC) umgestellt. Sie ersetzt für EU-Bürger bei Reisen in EU-Staaten und einige andere Länder (z. B. die Schweiz) den Auslandskrankenschein (E 111). Fragen Sie Ihre Krankenkasse danach.

Zu empfehlen ist zusätzlich der Abschluss einer Reisekrankenversicherung, die z. B. auch den Rücktransport übernimmt und weniger als € 10 kostet. Kreditkartenbesitzer aufgepasst: Manche Kreditkarten beinhalten bereits Reisekranken-, Gepäck- und Einkaufsversicherung.

Die Öffnungszeiten der **Apotheken** *(pharmacie)* entsprechen in der Regel den Geschäftszeiten (Mo–Sa 10–12, 14–19 Uhr). Für Notfälle gibt es Nacht- und Feiertagsdienste.

Notfälle

Notfallnummer: ✆ 112
Ärztlicher Notdienst (*Secours médical d'Urgence*): ✆ 15
Polizei: ✆ 17
Feuerwehr: ✆ 18

Öffentliche Verkehrsmittel

An der Côte d'Azur und zu den größeren Städten der Provence bestehen gute Bahnverbindungen. Besonders schön ist die Strecke an der Küste zwischen Nizza und Menton. Die kleineren Städte und Dörfer sind in der Regel an das öffentliche Busnetz angeschlossen. Je kleiner jedoch der Ort, desto seltener die Busverbindung. Größere Städte wie Nizza, Cannes, Toulon oder Marseille verfügen über mehr oder weniger gute städtische Buslinien, in Marseille gibt es sogar zwei U-Bahnlinien.

Öffnungszeiten

Die Geschäfte sind in der Regel 10–12 und 14–19 Uhr geöffnet. Kleinere Läden schließen manchmal montags halb- oder ganztags, in großen Supermärkten kann man oft durchgehend und sogar bis 20 oder 21 Uhr einkaufen. Für Banken gelten folgende Zeiten: Mo–Fr 9–12 und 14–16 Uhr. Vor Feiertagen schließen sie oft früher. Postfilialen haben normalerweise Mo–Fr 8–11 und 14–18 Uhr geöffnet sowie am Samstagvormittag.

Post

Seine Urlaubspost wirft man in die gelben Briefkästen am Straßenrand oder vor jeder Postfiliale. In der Regel sind Briefe und Karten in ein bis fünf Tagen zugestellt. Bei der Post, in Souvenirshops und in Tabakläden *(Tabac)* gibt es Briefmarken *(timbres)* Im Internet findet man die aktuellen Tarife unter www.laposte.fr (auf Französisch).

Reisezeit

Die Côte d'Azur ist wie die Provence ein Ganzjahresreiseziel, die Monate Juli/August sollte man möglichst meiden, zum einen, weil wegen der französischen Schulferien alles überlaufen und teuer ist, zum anderen wegen der Hitze, die Besichtigungen zur Tortur werden lässt. Besonders schön und nicht so voll ist es im September/Oktober und auch das Frühjahr hat seinen besonderen Reiz. Schon ab Januar/Februar blühen Mimosen und Mandelbäume, ab März wird es warm.

Reservierungen

Während der französischen Schulferien im Juli/August sollte unbedingt sehr frühzeitig eine Unterkunft reserviert werden. Selbst Campingplätze sind dann oft ausgebucht. Urlauber müssen in der Hochsaison mit kräftigen Preisaufschlägen rechnen.

Restaurants, Essen und Trinken

Die südfranzösische Küche lebt von den frischen Produkten, die überall auf den Märkten angeboten werden. **Terroir** heißt das Zauberwort. Laut Taschenwörterbuch bedeutet *Terroir* (Acker-)Boden, aber auch »seine Herkunft nicht verleugnen können«. Beim Essen und Trinken soll man die Region schmecken. Das gelingt bei den Weinen wie Côte du Rhône, Cassis, Bandol, Côte de Provence etc. recht gut, bei Oliven, Kräutern, Trüffeln oder Lämmern aus Sisteron ebenfalls. Und natürlich an der Küste mit Meeresfrüchten wie Muscheln und Austern.

Das Restaurantangebot reicht vom *restaurant rapido* (die französische Fast-Food-Variante) über typische Bistrots, bodenständige Tables d'Hôtes, Multikulti-Lokal von der Pizzeria bis zur Sushi-Bar bis hin zum Sterne-Restaurant. Das Vaucluse hat die meisten Sterne-Köche.

Wer auf Tour ist, sollte sich an die hiesigen Essenszeiten halten. Mittagessen gibt es vielfach nur bis 14 Uhr. Danach ist die Küche geschlossen und

Phänomenal: der Blick von Èze-Village auf die Côte d'Azur

macht erst abends wieder auf. Die letzte Bestellung wird meist um 21.30 Uhr angenommen. Restaurants mit durchgehender Küche sind sehr selten und fast nur in den Städten und den bekannten Touristenorten anzutreffen.

In vielen Lokalen ist es nach wie vor noch üblich, ein Menü zu bestellen, das mittags immer günstiger ist. Außerdem serviert fast jeder Wirt ein preiswertes Tagesgericht *(plat du jour)*. Allerdings ähneln sich die Speisekarten vielerorts sehr, und Gänsestopfleber, Kaninchen in Rosmarin, *Coq au Vin* sowie *Steak-Frites* sind häufig vertreten. Die Menüs darf man oft selbst zusammenstellen, indem man bei jedem Gang die Wahl zwischen drei bis fünf Speisen hat. Preisgünstiger als *à-la-carte* ist das Menü allemal. In einigen, meist besseren Restaurants können nur Menüs bestellt werden. Hängt der Name des Kochs *(cuisinier)* vor dem Eingang, sagt das etwas über die gute Qualität der Gerichte aus. Diese Häuser bieten in steigender Zahl auch Kochkurse an.

Neben Wein sind Kir und Pastis die Klassiker, die viel getrunken werden. Der ultragrüne Drink, der so gerne im Café bestellt wird, heißt *Menthe à l'eau*: Wasser mit einem Schuss Minzsirup – ein echter Durstlöscher.

Sicherheitshinweise

An der Côte d'Azur ist es so sicher oder unsicher wie anderswo in Frankreich oder in Europa – auf seinen Geldbeutel sollte man überall achten, vor allem dort, wo viele Touristen sind oder dich-

> **Hochwassergefahr**
> **Achtung:** An manchen Flussufern weist ein gelb-schwarzes Warnschild auf die Gefahr von schnell ansteigendem Hochwasser durch Staudämme und Kraftwerke hin. Auch bei schönem Wetter sollte man diese Warnungen ernst nehmen!

Würzige Vielfalt: Safran, Paprika und Zimt

tes Gedrängel herrscht. Grundsätzlich sollte man keine Wertsachen im Auto lassen.

Wem **Ausweis** oder Pass abhanden gekommen sind, sollte erst bei der Polizei oder Gendarmerie Anzeige erstatten und dann sein Konsulat kontaktieren. Ist die **Kreditkarte** weg, muss man sie umgehend sperren lassen und, sofern sie geklaut wurde, den Diebstahl der Polizei melden.
Euro/Mastercard: ✆ 08 00 90 13 87
www.eurocardmastercard.tm.fr
Visa: ✆ 08 92 70 57 05, www.carte-bleue.com
Diner's Club: ✆ 08 10 31 41 59
www.dinersclub.fr
American Express: ✆ 01 47 77 72 00
www.americanexpress.fr

Telefonieren

Landesvorwahlen:
Frankreich: ✆ +33
Monaco: ✆ +377
Deutschland: ✆ +49
Österreich: ✆ +43
Schweiz: ✆ +41

Die zehnstelligen französischen Rufnummern beginnen in der Provence/Côte d'Azur mit 04, wobei die 0 bei Telefonaten aus dem Ausland weggelassen wird. Über Tarife und Ländercodes kann man sich unter www.francetelecom.fr informieren (französisch, englisch). Telefonkarten (für Telefonzellen, aufladbare Karten für Handys, Prepaid-Karten) gibt es bei der Post, in Tabakläden und in Souvenirshops.

Wer mit Handy unterwegs sind, sollte sich bei seinem Mobilfunkanbieter nach dem günstigsten französischen Anbieter erkundigen und diesen per manueller Netzwahl auch auf seinem Handy einstellen. Außerdem gilt zu bedenken, dass meist hohe Gebühren fällig werden, wenn man angerufen wird. In keinem Fall sollte man aus dem Ausland seine Mobilbox abhören.

Nizza: Blick auf die Promenade des Anglais

Trinkgeld

Trinkgeld ist in der Regel im Preis inbegriffen. Dennoch ist es üblich, in Restaurants aufzurunden. Man lässt sich erst den genauen Betrag herausgeben und legt das Trinkgeld auf den Tisch. Bei Taxifahrten oder im Hotel sollte man auch ein Trinkgeld geben.

Unterkunft

Chambre d'hôtes ist kein Qualitätssiegel, sondern bedeutet erst mal nur Privatzimmer. Wer etwas Besonderes sucht, sollte darauf achten, dass das *Chambre d'hôtes* einem Vermarktungsverbund wie etwa den *Guides de Charme* oder *Logis de France* angeschlossen ist. In der Nebensaison gibt es häufig Sonderpreise über das Internet, auch Handeln kann sich lohnen.

Unterkünfte im Internet:
www.crt-paca.fr, Link *se loger* (auch auf Deutsch)

Hotelketten und Dachverbände:
www.chateauxhotels.com (u. a. französisch, englisch, deutsch)
www.inter-hotel.fr (französisch, englisch)
www.relaischateaux.com (französisch, englisch, deutsch)
www.silencehotel.com (französisch, englisch)
www.logis-de-france.fr (französisch, englisch, deutsch)
www.guidesdecharme.com (französisch, englisch, deutsch)
www.accorhotels.com (Ibis-, Etap- und Mercure-Hotels, deutsch)
www.kyriad.fr (die günstigen Hotels der Kette Kyriad, die zahlreich vertreten sind, französisch, englisch)

Wohnen auf dem Land/
Bauernhöfe, Fremdenzimmer, Wanderlager etc.:
www.gites-de-france.fr (englisch, deutsch)

Ferienwohnungen, Villen:
www.clevacances.com (englisch)

Zoll

Da Frankreich zur EU gehört, bestehen keine mengenmäßigen Ein- und Ausfuhrbeschränkungen mehr. Dies gilt allerdings nur bei Waren für den persönlichen Gebrauch. Ist die Menge derart groß, dass die Zollbehörden gewerbsmäßigen Handel vermuten, müssen die Waren besteuert werden. Als Anhaltspunkt für Tabakwaren können ca. 800 Zigaretten bzw. 200 Zigarren angesehen werden.

Vorsicht Weinfreunde: Wenn das Wohnmobil bis unters Dach mit Weinflaschen beladen ist, werden auch die französischen Zöllner misstrauisch, bei ca. 90 l (davon max. 60 l Schaumwein) liegt die Grenze.

Für Schweizer gelten die folgenden Richtmengen: 1 l Spirituosen oder 2 l Likör oder 2 l Wein, 50 g Parfüm oder 0,25 l Eau de Toilette, 200 Zigaretten oder 100 Zigarillos oder 50 Zigarren oder 250 g Tabak.

5   Sprachführer

Alltag/Umgangsformen

Für den Alltag sind sie unerlässlich, die kleinen Floskeln und Redewendungen. Sie werden sehen: Höflichkeit öffnet Türen. Wenn Sie den Begrüßungs- und Dankformeln auch noch die entsprechende Anrede von *Madame, Mademoiselle* bzw. *Monsieur* hinzufügen *(Bonjour Madame, Merci Monsieur),* beherrschen Sie bereits einen beträchtlichen Teil der französischen Gepflogenheiten.

Bonjour	Guten Tag
Bonsoir	Guten Abend
Bonne nuit	Gute Nacht
Enchanté	Freut mich, angenehm
Ça va?	Wie geht's? (Antwort: *Ça va.*)
Comment allez-vous?	Wie geht es Ihnen?
Vous avez bien dormi?	Haben Sie gut geschlafen?
Au revoir	Auf Wiedersehen
Bon voyage!	Gute Reise!
Salut	Hallo/Tschüss
A bientôt/	Bis bald/
A demain	Bis morgen
Bonne journée/ soirée!	Einen schönen Tag/Abend (noch)!
Vous de même	Ebenfalls/Danke gleichfalls
oui, non, peut-être	ja, nein, vielleicht
Je m'appelle Michel	Ich heiße Michael
Quel est votre/ ton nom?	Wie ist Ihr/ dein Name?
Excusez-moi, s.v.p./Pardon	Verzeihen Sie bitte/ Verzeihung! *(s.v.p. = s'il vous plaît)*
Je vous remercie/ Merci beaucoup.	Vielen Dank!
Je vous en prie!	Bitte schön!/ Keine Ursache!

Falls Sie nicht alles verstehen, können Sie sagen: *Je ne comprends pas. Parlez un peu plus lentement, s.v.p.* Wenn auch das nichts hilft, bleibt noch die Möglichkeit, sich das Gesagte aufschreiben zu lassen: *Voudriez-vous l'écrire, s.v.p.?*

Autofahren

Was auf Straßenschildern steht

le chantier	Baustelle
la déviation	Umleitung
le péage	Autobahngebühr
stationnement interdit	Parkverbot
le danger	Gefahr
le verglas	Glatteis
Vous n'avez pas la priorité	Vorfahrt beachten
chaussée déformé	Straßenschäden
Gardez vos distances	Sicherheitsabstand wahren

Rund ums Auto

On m'a volé ma voiture.	Mein Auto wurde gestohlen.
Quelle est votre assurance?	Wo sind Sie versichert?
conduire	fahren
Votre permis, s.v.p.	Ihren Führerschein, bitte.
Vous allez beaucoup trop vite.	Sie fahren viel zu schnell.
la carte grise	Fahrzeugschein
la limitation de vitesse	Geschwindigkeitsbeschränkung
le parcmètre	Parkscheinautomat
l'autoroute	Autobahn
le carrefour	Kreuzung
le feu rouge	Ampel
le parking	Parkplatz
garer la voiture	parken
la ceinture	Gurt
la station-service	Tankstelle
l'essence	Benzin (Oktanzahlen verweisen auf Super- und Normalbenzin: 98 bzw. 95)
sans plomb	bleifrei
le gazole	Diesel
Le plein, s.v.p.	Bitte volltanken.

....

Pourriez-vouz gonfler les pneus, s.v.p.?	Könnten Sie bitte Luft nachfüllen?
le bouchon	Stau
dépasser	überholen
Ralentissez!	Fahren Sie langsamer!
l'amende	Bußgeld
la contravention, le P. V.	Strafzettel

Au service de dépannage/ In der Werkstatt

J' eu un accident.	Ich hatte einen Unfall.
Je suis tombé en panne.	Ich habe eine Panne.
La boîte de vitesse ne marche plus.	Das Getriebe ist kaputt.
J'ai crevé.	Ich habe einen Platten.
J'ai besoin d'un nouveau démarreur, je crois.	Ich glaube, ich brauche einen neuen Anlasser.
Pourriez-vous me remorquer, s.v.p.?	Könnten Sie mich abschleppen?
le garage	Werkstatt
l'huile, le niveau d'huile	Öl, Ölstand
Faites la vidange, s.v.p.	Einen Ölwechsel bitte.
le moteur	Motor
le pneu	Reifen
l'essuie-glace	Scheibenwischer
le pare-brise	Windschutzscheibe
le phare	Scheinwerfer

Einkaufen

Je dois faire des courses.	Ich muss noch einkaufen.
l'argent	Geld
la caisse	Kasse
payer	bezahlen
la réduction	Preisreduzierung
vendre, acheter	verkaufen, kaufen
la vitrine	Schaufenster
bon marché, cher	günstig, teuer
un peu plus/ moins	etwas mehr/ weniger
plus petit/	kleiner/
plus grand	größer
les soldes	Ausverkauf, Schlussverkauf
Où puis-je trouver les vêtements?	Wo finde ich die Kleidung?
Je cherche du lait.	Ich suche Milch.
Ce pull coûte combien?	Wie viel kostet dieser Pullover?

J'e voudrais des chaussettes.	Ich brauche Socken.
Avez-vous des maillots de bain?	Haben Sie Badeanzüge?
Je voudrais essayer cette jupe.	Ich möchte diesen Rock anprobieren.
Où sont les cabines (d'essayage)?	Wo sind die Umkleidekabinen?
Prenez-vous des cartes de crédit?	Nehmen Sie Kreditkarten?
Quelle est votre taille?	Welche Größe haben Sie?
Je fais du 40.	Ich trage Schuhgröße 40.
une paire de chaussures	ein Paar Schuhe
la chemise	Hemd
le pantalon	Hose
la robe	Kleid
les collants	Strumpfhose
les sous-vêtements	Unterwäsche
la veste	Jacke

Les couleurs — Farben

bleu	blau
brun, marron	braun
jaune	gelb
rouge	rot
vert	grün
noir	schwarz
blanc/blanche	weiß
gris	grau

Essen und Trinken

Wo bekommt man's

la boulangerie/ la pâtisserie	Bäckerei/ Konditorei
la boucherie/ charcuterie	Metzgerei
le magasin	Geschäft
le marché	Markt
l'alimentation	Lebensmittelgeschäft
le supermarché	Supermarkt

Au restaurant — Im Restaurant

La carte, s.v.p.	Die Karte, bitte.
la carte des boissons/des vins	Getränkekarte/ Weinkarte
Vous prenez l'apéritif?	Möchten Sie einen Aperitif?
Vous avez choisi?	Haben Sie gewählt?
Je prends le menu à € 20.	Ich nehme das Menü für € 20.
Comme entrée je prends ...	Als Vorspeise nehme ich ...

le plat principal	Hauptspeise
le dessert	Nachspeise
le vin blanc/	Weißwein, Rotwein,
rouge/de table	Tafelwein
la bière,	Bier,
la pression	Bier vom Fass
une carafe d'eau	eine Karaffe Wasser (Leitungswasser, bekommt man in französischen Restaurants kostenlos dazu)
l'eau plate	Mineralwasser ohne Kohlensäure
l'eau gazeuse	Mineralwasser mit Kohlensäure
le café	schwarzer Kaffee (wie Espresso)
café au lait	Milchkaffee
café crème	Kaffee mit geschlagener Milch
le digestif	Schnaps, Magenbitter
Vous avez bien mangé?	Hat es Ihnen geschmeckt?
L'addition, s.v.p.	Die Rechnung, bitte.
le pourboire	Trinkgeld
J'aimerais fumer.	Ich würde gerne rauchen.
Auriez-vous des allumettes et un cendrier?	Haben Sie Streichhölzer und einen Aschenbecher?
Interdit de fumer.	Rauchen verboten.
Pouvez-vous m'appeler un taxi, s.v.p.	Bitte rufen Sie mir ein Taxi.
Où sont les toilettes?	Wo sind die Toiletten?

Le poisson/	**Fisch/**
les fruits de mer	**Meeresfrüchte**
la bouillabaisse	Fischsuppe
huîtres	Austern
moules	Miesmuscheln
coquillages	Schalentiere
langoustines	Hummerkrabben
la crevette	Garnele
le homard	Hummer
la sole	Seezunge
le saumon	Lachs
le thon	Thunfisch
la truite	Forelle

La viande	**Fleisch**
le poulet	Huhn
le canard	Ente
l'escalope	Schnitzel
les escargots	Schnecken
la côte d'agneau	Lammkotelett

la dinde	Pute
le bifteck	Steak
le steak haché	Hacksteak
le foie gras	Gänseleberpastete
le mouton	Hammelfleisch
le rôti	Braten
le veau	Kalbfleisch
le jambon	Schinken
la saucisse	Würstchen
le bœuf	Rindfleisch
le porc	Schweinefleisch

Les légumes	**Gemüse**
les asperges	Spargel
les artichauts	Artischocken
les courgettes	Zucchini
les épinards	Spinat
la choucroute	Sauerkraut
le champignon	Pilz
le haricot	Bohne
les petits pois	Erbsen
les pommes de terre	Kartoffeln
le concombre	Gurke
le chou-fleur	Blumenkohl
les crudités	Rohkost
l'oignon	Zwiebel

Les fruits	**Obst**
la pomme	Apfel
la poire	Birne
la fraise	Erdbeere
la framboise	Himbeere
la pêche	Pfirsich
la prune,	Pflaume, getrock-
le pruneau	nete Pflaume
le raisin	Traube
le raisin sec	Rosine

Les garnitures	**Beilagen**
pommes de terre	Kartoffeln
pommes sautées	Bratkartoffeln
pommes vapeur	Salzkartoffeln
le riz	Reis
les nouilles,	Nudeln,
les pâtes	Teigwaren

La cuisson	**Zubereitungsarten**
à la vapeur	gedämpft
bleu	fast roh
saignant	blutig
à point	medium
bien cuit	gut durchgebraten

Divers	**Was es sonst noch gibt**
la crème/	Sahne/
crème Chantilly	Schlagsahne

le lait	Milch
le fromage	Käse
le fromage blanc	Quark
les herbes	Kräuter
l'huile	Öl
le yaourt	Joghurt
les œufs	Eier
le beurre	Butter
les épices	Gewürze
l'ail	Knoblauch
le sucre, le sel	Zucker, Salz
le poivre	Pfeffer
le vinaigre	Essig
le miel	Honig
la glace	Eis
(Quel parfum?)	(Welche Sorte?)

Beim Bäcker

In der Bäckerei *(boulangerie)* gibt es natürlich vor allem das klassische Stangenweißbrot. Größe und Gewicht variieren vom *pain* übers *baguette* bis zur *flûte* und *ficelle*. Letzteres besteht fast nur noch aus knuspriger Rinde, so dünn ist es.

Darüber hinaus wächst aber auch in Frankreich das Interesse an dunklerem Brot aus Vollkornteig. Es heißt hier *pain complet,* ist jedoch mit dem, was man in Deutschland unter einem Vollkornbrot versteht, nicht zu vergleichen.

Außerdem gibt's neben *croissants* und *pains au chocolat* z. B. *brioche* (süßer, weicher Teig), *éclair* (Brandteig mit Pudding), *gâteau* (Kuchen) und *tarte* (Obstkuchen).

Kosmetik/Presse/Geld/Post/ Öffentliche Verkehrsmittel

Was Sie zur Körperpflege brauchen

la brosse à dents	Zahnbürste
les ciseaux à ongles	Nagelschere
le coiffeur/ la coiffeuse	Friseur/Friseurin
la crème à raser	Rasierschaum
le dentifrice	Zahnpasta
les lames de rasoir	Rasierklingen
les mouchoirs	Taschentücher
le peigne	Kamm
la pincette	Pinzette
le rouge à lèvres	Lippenstift
le savon	Seife
le sèche-cheveux	Fön
la serviette	Handtuch
le shampooing	Haarwaschmittel
la crème antisolaire	Sonnenmilch

La presse (findet man in der *maison de la presse* oder im *tabac*)

le journal	Zeitung
Avez-vous des journaux allemands?	Haben Sie deutsche Zeitungen?
l'hebdomadaire	Wochenzeitung
le magazine	Zeitschrift

À la banque — **In der Bank**

Je désire encaisser ce cheque.	Ich möchte diesen Scheck einlösen.
Où est le distributeur de billets le plus proche?	Wo ist der nächste Geldautomat?
J'ai besoin de monnaie/pièces.	Ich brauche Kleingeld/Münzen.
Une signature, s.v.p.	Eine Unterschrift, bitte.

À la poste (oder *tabac*) — **In der Post**

Cinq timbres pour des cartes postales, s.v.p.	Fünf Briefmarken für Postkarten, bitte.
la boîte aux lettres	Briefkasten
le crayon	(Blei-)Stift
l'enveloppe	Umschlag

Transports en commun **Öffentliche Verkehrsmittel**

le train	Zug
la gare	Bahnhof
l'autobus, autocar	Bus (Überlandbus)
l'avion	Flugzeug
l'aéroport	Flughafen
billet	Fahrkarte
Où est la station de métro plus proche?	Wo ist die nächste Métro-Station?
Où faut-il descendre?	Wo muss ich aussteigen?

Soins médicaux **Medizinische Versorgung**

Chez le médecin **Beim Arzt**

J'ai mal à la gorge.	Ich habe Halsschmerzen.
J'ai mal au cœur.	Mir ist übel.
Il est malade.	Er ist krank.
J'ai mal à l'estomac/à la tête.	Ich habe Bauch-/Kopfschmerzen.
Elle est enrhumée.	Sie ist erkältet.
Ma femme est enceinte.	Meine Frau ist schwanger.
Faites-moi une ordonnance, s.v.p.	Stellen Sie mir bitte ein Rezept aus.
Ouvrez la bouche, s.v.p.	Machen Sie bitte den Mund auf.

le bras	Arm
le cœur	Herz
le dentiste	Zahnarzt
la diarrhée	Durchfall
la jambe	Bein
la main	Hand
l'œil, les yeux	Auge, die Augen
l'oreille	Ohr
le pied	Fuß
l'accident	Unfall
l'ambulance	Krankenwagen
le cachet, le comprimé	Tablette
la douleur	Schmerz
la fièvre	Fieber
la pharmacie	Apotheke
la piqûre	Spritze
tousser, la toux	husten, Husten
vacciner	impfen

Wo? Wie? Was? – Orientierung

Wie man nach dem Weg fragt (und die Antwort versteht)

Pourriez-vous m'aider, s.v.p.?	Könnten Sie mir helfen?
Connaissez-vous le Café de Paris?	Kennen Sie das Café de Paris?
C'est loin d'ici?	Ist das weit von hier?
Où est la sortie?	Wo ist der Ausgang?
Je me suis perdu.	Ich habe mich verlaufen.
Quel chemin faut-il prendre pour aller à la plage?	Wie komme ich zum Strand?
à gauche	(nach) links
à droite	(nach) rechts
tout droit	geradeaus

Welche Sehenswürdigkeiten gibt es in der Stadt

le pont	Brücke
le château	Schloss
la maison	Haus
la fontaine	Brunnen
le monument	Denkmal
la rivière	Fluss
l'église (f)	Kirche
la chapelle	Kapelle
le musée	Museum
l'hôtel de ville (m)	Rathaus
la tour	Turm
le jardin botanique	Botanischer Garten
l'opéra/le théâtre	Oper/Theater

Sport und Erholung

Jouez-vous au tennis?	Spielen Sie Tennis?
J'aime nager.	Ich schwimme gerne.
Y a-t-il une piscine près d'ici?	Gibt es ein Schwimmbad in der Nähe?
faire du golf	golfen
le vélo	Fahrrad
faire du vélo	Rad fahren
vélo à terrain (VTT)	Mountainbike
la promenade	Spaziergang
la randonnée	Wanderung
faire de la voile	segeln
faire de planche à voile	surfen
la plongée sous-marine	Tauchsport
le parapente	Gleitschirmfliegen

Téléphoner — Telefonieren

Ne quittez pas!	Nicht auflegen, bleiben Sie dran!
C'est occupé.	Es ist besetzt.
J'aimerais parler à Monsieur X.	Ich möchte gern Herrn X sprechen.
Est-ce qu'il est là?	Ist er da?
J'essayerai plus tard.	Ich werde es später noch einmal versuchen.
appeler quelqu'un	jemanden anrufen
Peut-il me rapeller?	Kann er mich zurückrufen?
donner un coup de téléphone	einen Anruf machen
la cabine de téléphone	Telefonzelle
la carte de téléphone	Telefonkarte
le portable/(le téléphone) mobile	Handy

Se loger — Unterkunft

Auriez-vous une chambre pour deux personnes?	Hätten Sie ein Zimmer für zwei Personen?
Pour une nuit, avec un grand lit ou deux lits.	Für eine Nacht, mit einem Doppelbett oder zwei Betten.
Avec un lit supplémentaire pour notre enfant.	Mit einem Zusatzbett für unser Kind.

Puis-je la voir?	Kann ich es sehen?
J'avais retenu une chambre.	Ich habe ein Zimmer reserviert.
A quelle heure sert-on le petit déjeuner?	Wann gibt es Frühstück? (Achtung, das Frühstück ist oft nicht im Übernachtungspreis inbegriffen)
Réveillez-moi à sept heures du matin, s.v.p.	Wecken Sie mich bitte um sieben Uhr.
La clé numéro dix, s.v.p.	Den Schlüssel für Zimmer zehn, bitte.
Nous partirons demain/dans deux jours.	Wir reisen morgen/ übermorgen ab.
le lavabo	Waschbecken (Bei einem *chambre lavabo* befindet sich die Toilette, manchmal auch eine *douche*, *à l'étage*, d. h. auf dem Gang.)
la salle de bains	Badezimmer (mit Badewanne)
l' ascenseur	Lift
le terrain de camping	Campingplatz
la tente	Zelt

Le temps	**Wetter**
Quel temps fait-il?	Wie ist das Wetter?
le temps, la météo	das Wetter, die Wettervorhersage
Il fait beau aujourd'hui.	Heute ist schönes Wetter.
Quelle chaleur!	Welch eine Hitze!
J'ai froid.	Ich friere.
Le soleil brille.	Die Sonne scheint.
Le ciel est couvert.	Der Himmel ist bewölkt.
les nuages	Wolken
la neige, il neige	Schnee, es schneit.
le parapluie/ Il pleut.	Regenschirm/ Es regnet.

Le chiffres/la date
Zahlen/Kalender/Zeitangaben

zéro	0
un	1
deux	2
trois	3
quatre	4
cinq	5
six	6
sept	7
huit	8
neuf	9
dix	10
onze	11
douze	12
treize	13
quatorze	14
quinze	15
seize	16
dix-sept	17
dix-huit	18
dix-neuf	19
vingt	20
vingt-et-un	21
vingt-deux	22
trente	30
quarante	40
cinquante	50
soixante	60
soixante-dix	70
quatre-vingt	80
quatre-vingt-dix	90
cent	100
mille	1000
deux milles	2000

la semaine	**Woche**
lundi	Montag
mardi	Dienstag
mercredi	Mittwoch
jeudi	Donnerstag
vendredi	Freitag
samedi	Samstag
dimanche	Sonntag
le week-end	Wochenende
le jour	Wochentag
aujourd'hui	heute
demain	morgen
hier	gestern

l'heure	**Uhrzeit**
Quelle heure est-il?	Wie viel Uhr ist es?
Il est neuf heures et demi,	Es ist halb zehn,
dix heures moins le quart,	viertel vor zehn,
huit heures et quart.	viertel nach acht.
à midi	mittags
A quelle heure commence la pièce?	Um wie viel Uhr beginnt das Theater?
A huit heures du soir.	Um acht Uhr (abends). ✿

Bildnachweis

Bilderberg, Hamburg/Ellerbrock & Schafft: S. 41/
  M. Kirchgessner: S. 51, 53/W. Kunz: S. 31
Manuela Blisse und Uwe Lehmann, Berlin: S. 11, 13 o., 25
Friedrich Gier, Bonn: S. 2, 15, 18, 20 o., 20 u., 22, 36, 37 o., 37 u., 44, 56,
  58 o., 58 u., 59, 61, 82, 86 o., 87
Rainer Hackenberg, Köln: Schmutztitel (S. 1), S. 32, 34, 38, 43, 47 u.,
  48, 49, 55, 57, 66 o., 78, 80
János Kalmár, Wien: S. 4/5, 60 und Umschlagrückseite, 62 u., 63, 67,
  69, 71, 75, 85, 86 u.
Maison de la France/M. Martini: S. 19
Office du Tourisme St-Raphaël/Patrick Berlan: S. 29/Jean-François Chol-
  ley: S. 27, 30 o., 30 u.
Office municipal de Tourisme d'Èze: S. 64
Torsten Vesper, Köln: S. 21, 23
Alphons Schauseil, Ville-di-Paraso: S. 73, 77
Vista Point Verlag (Archiv), Köln: S. 6, 7, 9, 10, 13 u., 16, 24, 39, 40, 42,
  47 o., 62 o., 65, 66 u., 76, 84 o., 84 u.
www.pixelio.de: S. 14, 17, 35

Schmutztitel (S. 1): Kandierte Früchte vom Markt auf der Place Ch. Félix
  in Nizza
Umschlagrückseite: An einer wunderschönen Bucht der französischen
  Riviera liegt die malerische Kleinstadt Villefranche-sur-Mer

Konzeption, Layout und Gestaltung dieser Publikation bilden eine Ein-
heit, die eigens für die Buchreihe der **Go Vista City/Info Guides** entwickelt wurde. Sie unterliegt dem Schutz geistigen Eigentums und darf
weder kopiert noch nachgeahmt werden.

© Vista Point Verlag, Köln
4., aktualisierte Auflage 2009
Alle Rechte vorbehalten
Verlegerische Leitung und Reihenkonzeption: Horst Schmidt-Brümmer,
  Andreas Schulz
Bildredaktion: Andrea Herfurth-Schindler
Textredaktion: Kristina Linke
Lektorat: Annette Pundsack, 4. Auflage: JB Bild ׀ Text ׀ Satz, Köln
Layout und Herstellung: Sandra Penno-Vesper, Kerstin Hülsebusch-Pfau
Reproduktionen: Henning Rohm, Köln
Kartographie: Kartographie Huber, München

Gedruckt auf chlorfrei gebleichtem Papier

ISBN 978-3-88973-127-2

An unsere Leserinnen und Leser!
Die Informationen dieses Buches wurden vom Autor gewissenhaft
recherchiert und von der Verlagsredaktion sorgfältig überprüft.
Nichtsdestoweniger sind inhaltliche Fehler nicht immer zu vermei-
den. Für Ihre Korrekturen und Ergänzungsvorschläge sind wir daher
dankbar.

VISTA POINT VERLAG
Händelstr. 25–29 · 50674 Köln · Postfach 27 05 72 · 50511 Köln
Telefon: 02 21/92 16 13-0 · Telefax: 02 21/92 16 13 14
www.vistapoint.de · info@vistapoint.de